CODE
DE
LA CONVERSATION,

MANUEL COMPLET

DU LANGAGE ÉLÉGANT ET POLI,

CONTENANT

LES LOIS, RÈGLES, APPLICATIONS ET EXEMPLES
DE L'ART DE BIEN PARLER.

Causer est le premier des plaisirs domestiques.
Dx.

PARIS,
J.-P. ROReT, LIBRAIRE-ÉDITEUR,
QUAI DES AUGUSTINS, N° 17 BIS.

1829.

CODE
DE
LA CONVERSATION.

IMPRIMERIE DE TROUVÉ ET COMPAGNIE
rue Notre-Dame-des-Victoires, n° 16.

Le Clos de Champagne

CODE
DE
LA CONVERSATION,

MANUEL COMPLET
DU LANGAGE ÉLÉGANT ET POLI,

CONTENANT

LES LOIS, RÈGLES, APPLICATIONS ET EXEMPLES
DE L'ART DE BIEN PARLER.

Causer est le premier des plaisirs domestiques.
D<small>EL.</small>

PARIS,
P. ROPET, LIBRAIRE-ÉDITEUR
QUAI DES AUGUSTINS, N° 17 BIS.
1829.

INTRODUCTION.

Un homme d'esprit a écrit quelque part : *La parole a été donnée à l'homme pour se taire.* Ce singulier paradoxe a fait rire les gens qui parlent le plus et le mieux, et ils n'y ont vu qu'une épigramme contre les bavards; mais les sots s'en sont emparés comme d'un mémoire justificatif composé exprès pour eux, et ils interprètent tout-à-fait en leur faveur cette ironique

INTRODUCTION.

Un homme d'esprit a écrit quelque part : *La parole a été donnée à l'homme pour se taire.* Ce singulier paradoxe a fait rire les gens qui parlent le plus et le mieux, et ils n'y ont vu qu'une épigramme contre les bavards; mais les sots s'en sont emparés comme d'un mémoire justificatif composé exprès pour eux, et ils interprètent tout-à-fait en leur faveur cette ironique boutade d'une misantropie moqueuse. Il faudrait se féliciter de cette interprétation, si ces messieurs du moins restaient fidèles au système qu'ils voudraient accréditer, s'ils se taisaient! mais ils parlent et parleront toujours.

La parole a été donnée à l'homme pour communiquer sa pensée; c'est l'organe le plus précieux de son intelligence. Nous n'entreprendrons pas ici l'éloge de cette faculté qui sert également pour le bien comme pour le mal; d'ailleurs, nous ne nous proposons pas de faire un ouvrage de haute philosophie, et nous renvoyons aux livres de nos grands et petits métaphysiciens, aux élucubrations savantes de MM. les idéologues, pour l'analyse d'une faculté sans laquelle la société ne saurait exister. C'est de l'usage de cette faculté que nous nous occupons; nous avons voulu tracer des règles pour le plus grand bien des personnes qui manquent d'un guide en entrant dans le monde, pour s'y présenter d'une manière convenable. Nous avons puisé les matériaux de notre ouvrage aux meilleures sources; les écrits des moralistes les plus estimés nous ont fourni des préceptes et des exemples; l'étude approfondie, une longue expérience de la société nous a mis à même de fixer les lois de la conversation; et nous l'avouons sans crainte d'être accusé de plagiat, le *Livre du monde* est celui que nous avons le plus consulté, et auquel nous avons fait le plus d'emprunts. Nous n'avons pas en cela imité beaucoup de nos confrères en législation morale, qui ont emprunté, copié, ou plutôt, comme on dit là-bas, du côté du Palais-de-Justice, contrefait des ouvrages d'auteurs morts et vivans. En feuilletant le grand Livre du monde, nous n'avions pas du moins à redouter un procès en contrefaçon, quoique la noble littérature d'aujourd'hui ne soit guère susceptible ou délicate sur ce chapitre; mais aussi nous avons voulu qu'on dît de notre livre : voici un ouvrage fait en conscience; et cette espérance a soutenu notre courage dans l'exécution de la tâche pénible que nous nous étions imposée. La conversation et ses règles, un Code de conversation! donner de l'esprit à ceux qui n'en ont pas, déterminer les convenances qui y suppléent, et dont l'absence fait souvent confondre l'homme spirituel, celui que la nature a doué d'heureuses dispositions, avec le sot ou l'imbécile; indiquer les moyens de se montrer avec avantage dans un cercle, dans un dîner ou dans

les lois de la conversation ; et nous l'avouons sans crainte d'être accusé de plagiat, le *Livre du monde* est celui que nous avons le plus consulté, et auquel nous avons fait le plus d'emprunts. Nous n'avons pas en cela imité beaucoup de nos confrères en législation morale, qui ont emprunté, copié, ou plutôt, comme on dit là-bas, du côté du Palais-de-Justice, contrefait des ouvrages d'auteurs morts et vivans. En feuilletant le grand Livre du monde, nous n'avions pas du moins à redouter un procès en contrefaçon, quoique la noble littérature d'aujourd'hui ne soit guère susceptible ou délicate sur ce chapitre; mais aussi nous avons voulu qu'on dît de notre livre : voici un ouvrage fait en conscience; et cette espérance a soutenu notre courage dans l'exécution de la tâche pénible que nous nous étions imposée. La conversation et ses règles, un Code de conversation! donner de l'esprit à ceux qui n'en ont pas, déterminer les convenances qui y suppléent, et dont l'absence fait souvent confondre l'homme spirituel, celui que la nature a doué d'heureuses dispositions, avec le sot ou l'imbécile; indiquer les moyens de se montrer avec avantage dans un cercle, dans un dîner ou dans toute autre situation où l'on peut être placé par le hasard, tel a été notre but. Nous avons desiré être utile : mais peut-être nous demandera-t-on de qui nous tenons notre mission, qui nous sommes enfin, pour prétendre au titre et à la gloire de législateur de la conversation? Nous entendons d'ici maint aristarque nous sommer de décliner nos noms et qualités, et nous interroger sur ce que nous appelons notre expérience de la société. Nous pourrions bien nous dispenser de répondre à l'interrogatoire, et nous soucier fort peu de la sommation; mais, nous l'avons déjà dit, nous avons essayé de faire un ouvrage consciencieux, et nous allons au devant des interpellations polies ou un peu brusques qu'on pourrait nous adresser. Oui, nous avons de l'expérience, trop peut-être; et nos cheveux, parmi lesquels la vieillesse a semé la blanche pâquerette, selon l'expression de l'élégant traducteur des Bucoliques, nous avertissent que nous avons beaucoup vécu. Témoin de toutes les modifications, de tous les changemens qu'a subis la société depuis quarante ans, nous avons vu, au frivole persiflage des gentilshommes de 1789, au langage poli du monde avant la révolution, succéder les formes âpres et rudes de la république ; le *tu* patriotique est venu effrayer nos oreilles accoutumées au *vous* monarchique; et, devenu *citoyen*, nous avons rayé de notre Dictionnaire de poche le mot *monsieur* qui sentait la féodalité d'une lieue. Dans cette période extraordinaire, depuis la chute de la monarchie jusqu'à l'établissement de l'Empire, nous avons observé la lutte de l'ancien ordre de choses avec le nouveau, des vieilles habitudes avec des institutions qui les proscrivaient. Quoiqu'alors tout ne fût pas plaisant, cependant nous n'avons pu souvent nous empêcher de rire, en entendant le mélange des *tu* et des *vous* qui se heurtaient, se confondaient souvent dans la bouche d'un interlocuteur, et donnaient à sa conversation une incohérence tout-à-fait comique. Nous nous souvenons surtout de la grimace que faisait une vieille douairière notre voisine, lorsque l'énergie d'un *tu* bien conditionné, que lui adressait sa portière ou sa femme de chambre, lui rappelait l'égalité sous laquelle elle était obligée de vivre. Elle aurait volontiers pardonné à la terreur et au règne de M. de Roberspierre leurs échafauds, si du moins une portière n'avait pas eu le droit de tutoyer malhonnêtement une noble dame, une dame comme il faut. En vain lui disions-nous que cela ne faisait tort qu'à l'amour-propre et à ses souvenirs; que d'ailleurs ce tutoiement dont elle se plaignait tout bas avec tant d'aigreur, était renouvelé des Grecs et des Romains; en vain même cherchions-nous à le justifier par l'anathème dont la grammaire, la logique et le sens commun poursuivent cette forme étrange de langage. En effet, pourquoi supposer une collection d'individus dans une seule personne à laquelle on parle? et comment une multiplication a-t-elle pu devenir une loi de la politesse? Si nous appartenions à l'illustre Académie des inscriptions et belles-lettres, ou plutôt si nous étions un des fameux savans qui exploitent le terrain de l'étymologie et des origines, il y aurait là un beau sujet de dissertation pour rechercher comment le *vous* a prévalu sur le *tu* dans le langage, en dépit de la raison. Il nous serait facile de prouver que nos bons aïeux, Francs, Celtes ou Germains, qui n'avaient pas fait leurs études au collége royal de Louis-le-Grand ou de Bourbon, entendaient fort peu le latin. Les Romains, leurs vainqueurs, ne se chargèrent pas de leur éducation classique, quoiqu'ils eussent pu être d'excellens professeurs : de là le contre-sens, comme dirait un régent de sixième ou M. Duviquet, du journal des *Débats*; de là cette confusion du *tu* et du *vous* dans la conversation de nos pères. Enfin, *indè mali labes!* Ce qui signifie, si notre mémoire ne nous trompe pas, que voilà l'origine du mal.

Mais nous nous garderons bien de chercher à convaincre les Francs, Celtes ou Gaulois, d'ignorance ; d'ailleurs, cela nous irait fort mal à nous qui n'en savons pas plus qu'eux peut-être dans la belle littérature des Horatius, des Virgilius et des Cicéro. Toujours est-il bien avéré que le *vous* appliqué à une seule personne dans la conversation est tout-à-fait absurde, ou du moins semble tel aux étrangers qui apprennent notre langue et qui l'admirent, nonobstant l'absurdité de la locution qui en fait, pour ainsi dire, le fond.

Le règne, ou plutôt la tyrannie du *tu* ne fut pas de longue durée; il éprouva le sort commun à tous les tyrans anciens et modernes : il périt de mort violente, et les aristocratiques partisans du *vous* monarchique commencèrent à respirer. Mais qu'était devenue la conversation pendant cet interrègne de l'urbanité française? On parlait peu alors et on se regardait beaucoup ; chacun craignait de rencontrer un délateur officieux, un dénonciateur complaisant dans son plus intime ami; les femmes mêmes se renfermaient dans le silence le plus complet, et l'expression habituelle de la familiarité se réduisait au laconisme d'un *bonjour, citoyen, citoyenne*, ou d'un *comment te portes-tu*. Plus de société alors, plus de ces cercles aimables, où l'on débattait les questions de la littérature et de la politique : il était déjà loin, bien loin, le temps où la chute d'une tragédie mettait tous les salons en rumeur, où la rivalité de deux actrices, la jolie voix d'un chanteur suffisaient pour alimenter la conversation des notables habitans de Paris pendant trois mois.

Cependant, entraîné par la curiosité, et comme averti qu'un jour nous réunirions le fruit de nos observations pour en faire part au public, nous voulûmes connaître ce qui formait la société républicaine, et nous entrâmes dans les salons que la noblesse sottement réfugiée à Coblentz, et mendiant la paix de l'étranger, avait abandonnés aux nouveaux dominateurs de la France. Quel fut notre étonnement quand nous vîmes ces fougueux démagogues, ces ardens proscripteurs des anciennes habitudes, des vieux préjugés, ces hommes qui en public affichaient tant de rigorisme dans la simplicité de leur extérieur et de leurs paroles, échanger entre eux toutes les politesses d'un langage fleuri, s'étudier enfin à rappeler dans leurs cercles la féodale élégance de l'ère monarchique! Certes, nous ne nous attendions pas à une semblable anomalie; ce Roberspierre même que l'opinion publique d'alors se représentait comme un homme farouche, toujours hérissé d'un sauvage républicanisme; ce Roberspierre qui encore aujourd'hui passe pour le citoyen le plus attaché aux formes de l'égalité primitive, nous a surpris par le contraste entre l'homme public et l'homme privé. Sa conversation était le travail d'une phraséologie élégante avec pédanterie, tourmentée par la recherche et l'affectation; c'était un discours académique perpétuel semé de toutes les fleurs de rhétorique que recommandent les Le Batteux et les Rollin aux orateurs apprentis. Vingt fois fûmes-nous tenté de lui demander le mot d'une pareille énigme; mais bien nous a pris de ne pas chercher la solution de ce problème par une parole indiscrète : la place Louis XV n'était pas loin !

Au nom de Roberspierre, nous pourrions ajouter un grand nombre de conventionnels, les plus influens, qui, dans les salons, savaient composer avec l'austérité des principes républicains. Mais la conversation roulait toujours entre eux sur les intérêts politiques, et par conséquent ne pouvait être amusante; on peut même dire qu'il n'y avait plus rien alors qui rappelât les usages et les charmes de la société; le mutisme était à l'ordre du jour, comme sauve-garde de chacun : thermidor arriva enfin, et l'on parla.

Jusqu'à l'établissement de l'Empire, la réaction fut rapide et violente; la société se recomposa entièrement; la politesse reconquit ses droits imprescriptibles, et l'on ne fut plus grossier impunément. Les lettres et les arts, ranimés par la voix du guerrier-législateur, secondèrent puissamment ce réveil de la civilisation et du goût: Napoléon rétablit l'étiquette monarchique, appela dans son palais les hommes de l'ancienne cour, et c'est à leur école que les nouveaux grands seigneurs se dépouillèrent de la rudesse des camps, apprirent à corriger l'énergie un peu brutale des mœurs militaires. Aussi, lorsque nos armées allèrent visiter Vienne, Berlin, Madrid, nos ennemis, qui croyaient avoir affaire à de nouveaux Tartares, rendirent hommage au bon ton et aux manières distinguées des officiers français. Leur conduite dissipa d'injustes et ridicules préventions, et le beau sexe fut le premier à proclamer leur aimable triomphe.

Pendant que l'aigle impériale volait de capitale en capitale, tandis que Napoléon faisait et défaisait des souverains, Paris et la province ne se contentaient pas de commenter les bulletins de la victoire ; les relations sociales, renouées partout, ramenaient les agrémens et les plaisirs de la société ; de brillantes soirées réunissaient l'élite de la population chez les ministres, chez les préfets, chez tous les chefs de l'administration impériale; la galanterie avait ressaisi son sceptre, la mode était remontée sur son trône, et dictait ses lois à la frivolité française. Les spectacles et la littérature se ressentaient de l'heureuse influence du génie qui présidait aux destinées de la France; l'étranger, redevenu tributaire de nos goûts et de nos changemens, les adoptait avec empressement, et l'étude universelle de la langue devenait le complément de la conquête.

La conversation devait fleurir alors, car les sujets qui la font naître, l'échauffent, l'entretiennent, ne manquaient pas. Cependant elle n'avait pu se perfectionner au milieu de tant d'agitations militaires, de mouvemens politiques ; elle avait besoin des loisirs de la paix pour consolider sa domination, pour asseoir sa puissance exposée à trop de vicissitudes. La guerre occupait les esprits, et le théâtre du monde social, où de nouveaux acteurs paraissaient et se succédaient sans interruption, ne pouvait offrir que d'impuissantes distractions, de stériles délassemens, en présence des vives émotions produites par les grands événemens du monde politique.

Les dernières années du règne de Napoléon ne furent pas sans gloire ; mais les revers qui amenèrent sa chute jetèrent un voile de tristesse sur la société. Dans cette douleur commune, on vit les salons se fermer de nouveau, les esprits s'aigrirent ; et quand advint la restauration, elle trouva l'esprit de parti, ses débats animés, ses luttes fastidieuses : les opinions diverses firent de chaque réunion une sorte d'assemblée politique, et chaque fauteuil devint une tribune du haut de laquelle l'orateur, mâle ou femelle, discourait à qui mieux mieux pour la légitimité ou pour la dynastie napoléonienne.

Après avoir péroré pendant plusieurs années, on a fini, non pas par s'entendre, car cela est impossible, mais on a reconnu que des discussions politiques étaient, de toutes les discussions, les plus ennuyeuses, et ne prouvaient rien du tout. On ne s'est pas embrassé, mais on s'est presque donné la main, et les partisans des opinions les plus opposées ont consenti entre eux à une trêve qui a permis à la conversation de reprendre son pacifique empire. C'est aujourd'hui surtout que l'on peut observer les effets de cet heureux changement dans les esprits : royalistes, ministériels, libéraux, ultra, tous s'entendent à merveille sur ce point essentiel, qu'on peut différer de sentiment sur la charte et son interprétation, sans pour cela être ennemis. Aussi les salons ont cessé d'être exclusifs : plus d'acception des votes anciens ou nouveaux, et le député qui accepte tous les budgets, comme celui qui les discute avec conscience, se rencontrent dans le même cercle, sans témoigner de surprise, ou, assis à la même table, causent de la pluie, du beau temps, des spectacles, sans se souvenir le moins du monde des batailles parlementaires.

Voilà ce que nous avons observé : grâce à l'avantage de notre position, nous avons pu étudier, comparer le passé et le présent: témoin de tant de révolutions morales et politiques, il nous a semblé qu'un livre qui offrirait les règles de la conversation telle que les convenances de la société actuelle l'exigent, serait accueilli avec quelqu'intérêt ; heureux de pouvoir dire comme un écrivain spirituel du dernier siècle : « Nous avons » vécu, et nous voudrions être » utile à ceux qui ont à vivre. »

tâcher de donner une idée juste et précise, en peu de mots, de cette communication de la pensée par la parole. Nous avons cherché, feuilleté tous les ouvrages des écrivains anciens et modernes, pour trouver une définition satisfaisante; mais le grec comme le latin, l'anglais comme le français, nous ont fait faute; et comme il se pourrait que quelque savant versé dans la langue chinoise, ou dans quelque patois de l'Indoustan, nous convainquît d'ignorance ou de légèreté dans nos assertions, nous prévenons que nous n'avons pas poussé aussi loin nos investigations. Qu'importe d'ailleurs que certain brame ou certain philosophe bas-breton ait défini ingénieusement, justement, clairement ou autrement la conversation; nous croyons que tout le monde sait à peu près ce qu'on doit entendre par ce mot qui a plusieurs synonymes. Et c'est peut-être ici le cas de prévenir que causer et converser sont deux expressions quelque peu distinctes, quoique bien des gens ne se gênent guère pour les confondre; mais nous nous réservons de les éclairer dans le courant de notre ouvrage, et de leur faire sentir la différence qui existe entre un homme qui converse et un autre homme qui cause. Certes, la causerie est un peu parente, on pourrait même dire qu'elle est cousine-germaine de la conversation; mais elles ne peuvent s'employer indifféremment : à chacune son usage, ses lois et ses règles. Prenons un exemple : Un solliciteur arrive à Paris pour obtenir un emploi, une place, ne fût-ce qu'un entrepôt, comme dans la pièce des Variétés, où feu Potier, de comique mémoire, était si plaisant. Il se présente au ministère : la première personne qu'il rencontre, ou plutôt qui l'arrête, qui exige le premier l'application de la théorie de l'intrigue, c'est le suisse. Notre solliciteur cause avec lui et même lui offre une prise de tabac, ce qui ne peut pas nuire ; il arrive à l'anti-chambre, qu'on pourrait appeler l'anti-bureau : là siége le garçon qui veille à la garde du Louvre administratif et bureaucratique ; alors deuxième emploi de la causerie. Un commis expéditionnaire sort-il pas hasard et se trouve-t-il sur le passage de notre homme, encore de la causerie. Mais lorsque le cabinet du sous-chef, ou du chef, vient à s'ouvrir devant l'ambition du solliciteur, alors la conversation est de rigueur, c'est-à-dire que la réserve, le respect, le choix d'expressions mesurées, l'art des convenances sont absolument nécessaires. Avec le suisse, le garçon de bureau, le commis expéditionnaire, personnages tout-à-fait secondaires, une sorte de familiarité aimable, qui provoque la complaisance et les renseignemens, était, pour ainsi dire, de mise; la scène change et la parole doit changer aussi. C'est aux solliciteurs de prononcer sur le mérite de cette observation que nous soumettons à leur expérience et à leur bonne foi.

Ainsi la conversation est, pour ainsi dire, la mère commune de ces diverses façons de parler, et semble les embrasser toutes sous une dénomination générale. Le lecteur éclairé saisira bientôt les nuances qui les distinguent. Premier lien social, la conversation est tout à la fois un plaisir et un besoin pour tout le monde ; retranchez-la de la société, et la société n'existe plus ; tous les rapports de l'amitié disparaissent ; les mœurs deviennent sauvages et farouches ; l'amour n'est plus qu'un instinct brutal ; la galanterie, qui répand tant de charmes sur l'existence de l'homme civilisé, fait place aux grossiers mouvemens d'une nature barbare, et peu à peu la civilisation s'efface. Voyez l'homme qui vit dans la solitude, soit que le chagrin ou la nécessité l'y ait condamné ; cette habitude d'isolement lui a inspiré une noire misantropie qui lui fait voir de loin un ennemi dans chacun de ses semblables ; la défiance, l'inquiétude assiégent son existence ; il est malheureux. Mais que si le hasard conduit dans son asyle quelque ami qui s'est souvenu d'une ancienne liaison, avec quelle joie il l'accueille! avec quel empressement il l'interroge pour lui demander des nouvelles du monde! C'est en vain qu'il affecte un système que son cœur dément, que sa pensée désavoue; il ne peut résister à cet instinct qui l'entraîne vers son semblable ; il cause, il cause encore, et c'est à peine si l'interlocuteur peut suffire à sa curiosité. Sa physionomie s'est dépouillée de cette teinte sombre qui l'attriste continuellement; le sourire a reparu sur ses lèvres; il semble heureux, parce qu'il a pu, par un entretien de quelques instans, se réconcilier, pour ainsi dire, avec l'humanité.

La conversation est le pivot sur lequel roulent toutes les affaires du monde. A l'échange journalier de la parole, se rattachent tous les intérêts publics et particuliers. La conversation règle les destinées d'un état comme celle d'un bourgeois; et depuis la diplomatie, qui n'est qu'un art de bien parler sur des questions politiques, jusqu'aux plus faibles spéculations du commerce, tout rend hommage à son influence, à son empire. Mais lorsque nous venons à la considérer dans les autres rapports de la vie sociale, quels avantages résultent du talent de converser pour celui qui aspire au crédit, à l'estime et à la fortune, enfin, pour quiconque veut parvenir dans le monde! Il faut bien le prendre comme il est, c'est-à-dire avec ses ridicules, ses injustices et ses erreurs. Et sans doute il n'est pas absolument impossible qu'un homme qui n'a pas de conversation, qui ne sait ou n'ose pas parler, soit un homme de beaucoup de mérite. Mais le monde, malheureusement, ne juge que sur

connaître les convenances, il aurait déjà acquis tout ce qui lui serait nécessaire pour éviter la réprobation attachée au brevet de sottise; car, dès qu'un homme a été déclaré sot par les jurés-experts qui dirigent l'opinion des salons, il est perdu sans ressource. En vain montrerait-il pour sa défense des certificats de capacité, des attestations de profond savoir, et en appelerait-il de cet arrêt sévère à un tribunal plus équitable et plus compétent pour juger les gens d'esprit et les sots. L'anathême une fois lancé sur une tête, fût-elle même innocente, ne sera jamais levé; c'est une terrible excommunication, un véritable interdit plus rigoureux que ceux que prodiguait autrefois le despotisme pontifical; car ni l'or, ni les concessions ne sauraient en faire fléchir la rigueur. L'homme condamné comme sot aux assises mondaines, se voit poursuivi partout par le ridicule; on s'éloigne à son approche, comme s'il portait avec lui la contagion d'un mortel ennui. C'est un autre *væ victis*, prononcé par un tyran sans pitié, par un vainqueur sans clémence.

Plaire est un besoin général : les hommes, comme les femmes, en font l'étude de toute leur vie : les uns, le plus souvent par ambition, les autres toujours par coquetterie. Il y a bien des exceptions à cette règle; et les femmes qui intriguent ne manquent pas plus dans les salons, que les jeunes gens, dont l'amour est la seule occupation, et qui font de la société le théâtre d'une guerre si dangereuse aux maris. Mais de quelque manière qu'on envisage le monde, on y aperçoit toujours le grand ressort qui lui imprime le mouvement : c'est un intérêt commun, un esprit de calcul qui gouverne, qui fait agir tous les acteurs de la comédie sociale ; tous s'appliquent à jouer leurs rôles avec le plus d'art et de talent qu'il leur est possible. Quel est le but où ils tendent avec tant de persévérance ? Qu'est-ce qui peut provoquer tant d'efforts, inspirer cette émulation, cette rivalité si ardente, qui ne se ralentissent jamais ? C'est le désir de plaire.

Plaire ! s'écrie en lisant ceci certain

jeune homme, à qui le ciel, dans son avare munificence, a donné une jolie figure, des cheveux blonds qui descendent en boucles dorées sur ses épaules, et des formes d'Adonis. Plaire! mais cela est bien facile, quand on est un bel homme, quand on a un *physique* agréable!..... D'un autre côté, j'entends une demoiselle qui compte à peine dix-huit printemps; transfuge récente d'un des plus élégans pensionnats de la capitale, où elle a eu l'honneur d'être condisciple de la fille d'un maréchal de France et d'une nièce du pacha d'Egypte, elle témoigne son impatience; elle a peine à contenir son indignation, car elle ne conçoit pas qu'on élève quelques doutes sur les moyens de plaire, quand on réunit à la beauté, une grande fortune et une éducation distinguée. Nous en demandons bien humblement pardon à ce couple aimable; mais il lui manque quelque chose d'essentiel, ce que la fortune, une jolie figure, une éducation dans le premier pensionnat de Paris et des départemens ne sauraient donner, l'esprit, cette faculté qui supplée, qui survit à la beauté, et ferait pardonner même la laideur d'Esope, ou d'une tragédienne célèbre de nos jours. Avec l'esprit, on peut être pauvre impunément; et dans le monde, où, après tout, le triomphe d'une belle femme et d'un bel homme est toujours circonscrit dans un cercle très-étroit;

dans le monde où l'admiration pour deux beaux yeux et pour une taille d'Hercule ne saurait durer plus de cinq minutes, on tient compte toujours des qualités qui intéressent, qui charment le plus grand nombre, et dont chacun peut faire son profit. Une personne spirituelle fixe sans cesse sur elle l'attention et les regards, qui ne s'arrêtent qu'un instant sur les avantages physiques d'un homme ou d'une femme ; quelque parfaits qu'on les suppose, ils obtiennent tout juste les hommages qu'on ne saurait refuser à de belles statues.

Mais nous répéterons encore que nous ne prétendons pas donner de l'esprit à ceux qui en manquent : le génie d'un Newton, d'un Pascal, d'un Voltaire, n'aurait jamais pu opérer la métamorphose d'un sot en homme d'esprit ; cependant il est des moyens de trouver l'équivalent de cette précieuse qualité, heureux privilége du petit nombre. On peut avec le travail et l'étude arriver à une espèce de modification morale, qui donne le change aux esprits les plus pénétrans ; elle tient lieu de cette facilité vive et spirituelle d'élocution, de cette heureuse fécondité de saillies et de traits qui, seuls, procurent des succès de tout genre.

Consultez les fastes de l'ambition et l'histoire des fortunes singulières qui ont étonné et qui étonnent encore le vulgaire, et vous saurez à quoi vous en tenir sur l'origine de ces élévations soudaines. La plupart des hommes qui, de nos jours, occupent les meilleures places de l'administration, ne doivent leur avancement rapide qu'à leurs succès dans les cercles où ils ont su se faire remarquer. Pour un fonctionnaire que la puissance de son talent aura fait surgir du sein de la foule, vous en verrez cinquante dont tout le mérite est d'avoir été ce qu'on appelle des hommes aimables. Un homme aimable en sait toujours assez pour être préfet ou receveur-général, chef de division au ministère de l'intérieur ou conseiller d'état. Combien d'employés du premier et du second ordre ont fait leur apprentissage admi-

CODE
DE LA CONVERSATION.

Exposé des motifs.

UTILITÉ ET INFLUENCE DE LA CONVERSATION.

La conversation a été définie de mille manières par les moralistes et les personnes qui définissent tout, même ce qui est indéfinissable; ils ont aiguisé les pointes, arrondi les antithèses, alambiqué les phrases pour

les apparences, et ne peut s'occuper de l'appréciation positive, de l'interrogatoire sur faits et articles d'un homme qui ne dit rien ou qui dit mal : il est toujours disposé à voir un sot dans un muet ou dans une personne qui est étrangère aux convenances sociales, à l'art d'appeler sur elle l'attention par une répartie spirituelle, par une réflexion juste, ou par une observation d'à-propos. On pourra sans doute nous objecter que l'esprit, la justesse et le tact ne s'apprennent pas, et qu'un imbécile restera imbécile, en dépit des meilleurs ouvrages, et malgré toutes les théories qu'il pourrait étudier. Mais s'il y apprenait seulement à savoir écouter, à ne risquer aucune parole, à

nistratif dans le boudoir d'une Phryné qui était la maîtresse d'un directeur-général ou d'un ministre à porte-feuille! Combien même d'Excellences que nous voyons rouler en équipage brillant leur superbe importance, ont commencé par être des hommes aimables, seulement des hommes aimables! Recherchés pour les agrémens de leur esprit, pour les charmes de leur conversation, ces favoris de la fortune couraient les salons de la capitale, s'asseyaient à la table de l'opulence, et payaient leur écot en bons mots, en nouvelles racontées d'une manière fine et ingénieuse. Alors trop heureux d'être écoutés avec bienveillance, ils finissaient par se rendre nécessaires; la dame du lieu vantait les vertus de ces hôtes charmans. Insensiblement leur réputation s'étendait ; et le moyen qu'une dame de haut parage, qui donne d'excellens dîners, qui réunit l'élite de la société de la capitale dans ses soirées brillantes, ne soit pas crue sur parole ! Il fallait bien enfin qu'une occasion s'offrît pour justifier ces éloges. Une petite place de secrétaire particulier commençait l'avenir de la splendeur et de la puissance; car c'est toujours ainsi que débutent ceux qui doivent être ministres : ils se placent juste auprès des ministres mêmes auxquels ils doivent succéder un jour, comme pour avoir moins de chemin à faire et saisir plus facilement l'à-propos.

Qui pourra nier l'influence de la

conversation dans toutes les affaires d'ici-bas? c'est elle qui décide du sort de la plupart des hommes, dans quelque condition qu'ils se trouvent, quels que soient leurs vues et leur espoir; et cependant bien peu d'entre eux savent apprécier cette influence qui se fait sentir partout, mais sans éclat, sans bruit. On croit généralement qu'on peut impunément parler mal, parler sans goût, sans convenance, être ennuyeux ou indiscret. Une affaire importante, dont le succès paraissait certain, vient à manquer, et l'homme désappointé regarde autour de lui, cherche en vain l'obstacle qui a déjoué ses calculs, renversé ses espérances. La cause de son désappointement lui échappe;

son amour-propre se gardera bien de convenir que c'est la faute de son esprit. Un mot maladroit, une réflexion incongrue, une phrase ridicule, ont suffi peut-être pour le perdre. A-t-il bien pesé toutes ses paroles, lorsqu'il s'est présenté chez le Mécène qui lui avait promis sa puissante protection? Comment a-t-il répondu aux questions que lui adressait son secrétaire? et n'aurait-il point par hasard oublié d'adresser quelques hommages d'une politesse galante à la dame qu'il a rencontrée dans le cabinet du noble protecteur? O vous qui accusez le sort de son injustice; ô vous qui ne cessez de crier contre votre mauvaise étoile, et qui jetez toujours à la tête des gens les grands mots d'adversité, de fatalité, examinez avec une attention consciencieuse votre conduite dans la société, tâchez de vous rappeler ce que vous y avez pu dire, et vous verrez que, si vous ne réussissez pas, votre conversation a une très-grande part dans votre continuel mécompte!

S'agit-il d'un mariage avantageux, d'une place lucrative ou honorable, d'une grâce à obtenir, c'est à la conversation qu'il faut demander le succès; à elle seule appartient le monopole presque exclusif des faveurs du monde; que de gens les recherchent et s'agitent de toute manière pour parvenir à la fortune, sans se douter des moyens qui font triompher des difficultés et devant lesquels s'abaissent toutes les barrières! Si quelque sculpteur moderne voulait représenter la conversation, nous lui conseillerions de la montrer sous les traits d'une jeune et jolie fille, à la physionomie ouverte, vive et spirituelle; elle aurait à la main une petite clé d'or, qui témoignerait de sa puissance, et serait l'attribut le plus vrai de l'influence qu'elle exerce sur les cœurs et sur les esprits, en y pénétrant avec facilité. En effet, ce moyen dont la conversation se sert pour ouvrir les portes de tous les salons, pour s'introduire jusque dans les palais; cet art avec lequel elle maîtrise toutes les intelligences et fixe sur elle l'attention, ne donnent-ils pas l'idée d'une sorte de clé magique, d'enchantement merveilleux auxquels rien ne saurait résister?

Maintenant que nous croyons avoir suffisamment prouvé l'influence de la conversation dans toutes les situations de la vie, il nous reste à exposer les principes du système que nous avons développé dans notre théorie. Nous ne pensons pas que des règles générales, telles qu'en ont posé certains professeurs de beau langage, puissent êre utiles : les règles générales sont d'une application toujours difficile et très-souvent dangereuse. La diversité des goûts, des humeurs, ne peut guère être comparée qu'à celle des événemens et des circonstances qui changent les hommes et modifient à chaque minute la physionomie mobile de la société. Le goût, l'usage et une longue expérience peuvent seuls avec discernement appliquer les règles générales, qui d'ailleurs se trouvent partout. Mais à combien d'erreurs et de bévues serait exposé celui qui, novice encore, et ne connaissant le monde que de nom, croirait pouvoir y réussir, y plaire, avec les maximes banales, les principes classiques puisés dans les livres d'éducation? Chacune de ses paroles serait un contre-sens, parce qu'il ne connaîtrait pas la langue du pays; il s'imaginerait que la politesse est une et sans nuances distinctes, et alors il parlerait de la même manière à toutes les personnes, sans acception des rangs, des fortunes et des caractères. Homme souverainement ridicule dès son entrée dans la société, il n'y recueillerait que la honte, et ne tarderait pas à en disparaître, pour aller se livrer à des études dont il sentirait la nécessité et les avantages : heureux si le souvenir d'un premier échec ne s'élevait pas contre lui, et ne rendait pas son second début aussi triste que le premier!

Mais nous n'avons pas tracé des règles seulement pour les hommes; nous avons voulu que le beau sexe pût profiter des leçons que nous a dictées le desir d'être utile. Nous ne pouvions oublier que la société doit aux femmes ses plus douces jouissances, ses plus grands charmes :

sans doute, elles ont sur les hommes de nombreux avantages, et pour plaire, elles n'ont pas besoin des enseignemens de l'art; la nature les a investies de l'heureux privilége qui, pour les hommes, n'est que le fruit d'une éducation soignée, de constantes études, d'une juste économie des facultés de l'esprit. Mais nous ne croyons pas leur faire offense, en avançant que quelques conseils peuvent seconder leurs heureuses dispositions; elles ne nous supposent pas non plus les intentions d'une critique malveillante, et surtout un doute injuste sur leur supériorité dans les relations de la vie sociale. Rien n'est parfait dans la nature, on le dit depuis bien long-temps : le beau sexe peut donc aussi trouver des leçons dans notre ouvrage : il y apprendra à régler la vivacité de son imagination, à soumettre au frein du goût, à assujétir au joug des convenances les inspirations de l'esprit, et les saillies qui, pour être piquantes, n'en doivent pas moins respecter tous les intérêts, ceux de l'amour-propre comme ceux de la politesse. C'est aux femmes surtout qu'il importe de conserver une juste mesure : il y a beaucoup plus de danger pour elles que pour les hommes à dépasser le but, ou à méconnaître les règles que la société prescrit. Mais aussi leur tâche est bien plus facile et la nature leur a épargné une grande partie des frais de l'éducation.

Pour nous, tout-à-fait désintéressé sous le rapport des prétentions littéraires et qui ne cherchons pas la réputation d'homme d'esprit, nous regarderions comme un succès au-dessus de nos espérances, le suffrage et le remercîment de quelques lecteurs qui n'auraient pas lu tout-à-fait sans fruit notre ouvrage;

Fungar vice cotis acutum
Reddere quæ ferrum valet exsors ipsa secandi
HORACE.

Titre premier.

DISPOSITIONS GÉNÉRALES.

CHAPITRE PREMIER.

LA LANGUE.

Art. 1ᵉʳ. La langue est la condition *sine quâ non* de toute personne qui veut parler; quand on n'en a pas, il faut s'adresser au concierge de l'institution fondée par feu l'abbé Sicard en faveur des sourds-muets; on y trouvera un supplément de l'organe indispensable.

Art. 2. Le principe de la nécessité d'une langue une fois posé, il faut avant de parler, bien étudier cet organe, sa conformation physique, ses défauts comme ses qualités, afin de corriger les uns et employer habilement les autres; enfin l'éducation particulière de la langue est de la plus haute importance.

Art. 3. Les langues se divisent en plusieurs espèces : les longues et les petites. Nous ne parlerons ici que pour mémoire des mauvaises langues, parce que nous ne nous occupons en ce moment que de la partie physiologique. Les langues qui sont trop longues ont d'abord l'inconvénient de rendre ridicule en ce qu'exposées à saillir souvent hors de la bouche béante, elles impriment à la physionomie un air hébété et stupide. Un autre désavantage qui résulte de la longueur démesurée de la langue, c'est de rendre la prononciation difficile et embarrassée, puis d'occasioner une espèce de sifflement désagréable produit par le contact immédiat de l'organe avec les dents et les lèvres qu'il dépasse; souvent même il lance avec la parole une espèce de rosée sur l'interlocuteur, qui se plaint alors avec raison, et sans périphrase, qu'on lui a craché à la figure. C'est le plus grave inconvénient attaché à ce qu'on peut appeler l'infirmité des langues trop longues.

Art. 4. Les petites langues ont également beaucoup de peine pour faire entendre la parole distinctement ; elles causent une espèce de bégaiement très-pénible. Le fameux orateur Démosthène sut corriger ce défaut, en mettant des cailloux dans sa bouche, et en déclamant au bord des flots agités par la tempête. Grâce à cet exercice fatigant Démosthène devint un grand homme.

Art. 5. Il ne faut pas que tous ceux qui bégayent s'imaginent que la recette de l'orateur athénien sera bonne pour eux : des cailloux mis dans la bouche, et des vers de Corneille ou de Racine déclamés aux bords de la Méditerranée ou de l'Océan, ne feraient pas un orateur célèbre d'un homme ordinaire. Mais indépendamment des cailloux, remède renouvelé des Grecs, il y a encore quelques moyens correctifs inventés par MM. de la Faculté et par certains professeurs de déclamation. Il faut donc que les bègues s'adressent aux uns ou aux autres. Dieu merci, les prospectus ne manquent pas.

Art. 6. Le mouvement de la langue, en parlant, doit être réglé sur les exigences de la conversation, c'est-à-dire vif pour les sujets qui demandent une expression brève; lent et mesuré pour les sujets graves, sérieux, tristes. Ainsi, une déclaration d'amour ne ressemble pas à une dissertation politique; ainsi, un compliment à un académicien ou à une vieille coquette, diffère essentiellement d'une réponse à un propos impertinent ou à une sottise.

Art. 7. Le principe renfermé dans un vers de Boileau : *Hâte-toi lentement*, peut s'appliquer convenablement à l'emploi de la langue: en parlant trop vite, on contracte un défaut insupportable, qui est le bredouillement.

Art. 8. Il faut bien se garder de bredouiller, sous peine de ne pas être entendu ; or, puisque lorsqu'on parle c'est pour se faire entendre, au lieu de donner des sons inarticulés pour des paroles claires et intelligibles, on ferait bien de s'en tenir à la pantomime.

Art. 9. On ne doit jamais montrer sa langue, sous quelque prétexte et dans quelque occasion que ce soit ; il n'y a que les gens sans éducation qui se permettent cette licence : elle touche de très-près à la malpropreté et à l'impolitesse.

Art. 10. Tirer la langue c'est annoncer la moquerie et la dérision ; mais ce prélude est de mauvais ton, et les gens comme il faut n'ont pas besoin de pareille grimace pour railler quelqu'un par anticipation. On a aussi détourné le véritable sens de ce mot: *Tirer la langue*, et on l'a employé pour exprimer la situation d'une personne embarrassée, endettée: ce n'est pas la meilleure manière de payer ses dettes; il y a bien peu de créanciers qui se croiraient payés avec une semblable monnaie.

CHAPITRE II.

LA BOUCHE.

ART. 1ᵉʳ. Il importe fort peu qu'on ait une petite ou une grande bouche, et comme il n'y a pas moyen de changer celle que la nature nous a donnée, il faut sagement prendre son parti là dessus, attendu surtout, qu'en pareil cas, c'est toujours le fond qui emporte la forme.

ART. 2. Un homme d'esprit, dont la conversation est ingénieuse, spirituelle à la fois, a toujours une petite bouche.

Art. 3. Il est souverainement ridicule de vouloir se faire une petite bouche en parlant; c'est la grimace la plus insupportable qui puisse dénaturer une physionomie.

Art. 4. Quand on apprend une nouvelle extraordinaire, il est assez naturel qu'on ouvre la bouche d'où sort quelque exclamation de surprise telle que *ah!* ou *oh!* Alors il faut bien s'observer de manière à ne pas laisser voir l'intérieur de la maison, avec les dents, la mâchoire, la langue et autres accessoires.

Art. 5. Il vaut toujours mieux rire du bout des lèvres que de les entr'ouvrir pour laisser passer les sons bruyans d'une grosse gaîté.

Art. 6. Quand on écoute un récit qui intéresse ou qui amuse, il faut bien se garder d'avoir la bouche béante ; les idiots ne la ferment jamais : c'est de principe.

Art. 7. Si l'on a quelque chose à lire, fut-ce de la prose de mélodrame ou des alexandrins d'une tragédie classique, on doit éviter les mouvemens convulsifs de la bouche. Un lecteur ne peut, sous quelque prétexte que ce soit, avoir l'air d'un possédé.

Art. 8. Il faut se tenir toujours à une certaine distance de la personne à qui l'on parle, parce qu'il peut arriver qu'on soit surpris par un éternument subit, par un rhume inattendu, ou par quelque autre accident qui motiverait toujours la précaution d'un parapluie.

CHAPITRE III.

LES DENTS.

Art. 1ᵉʳ. Les dents ne sont pas absolument de rigueur pour parler ; mais le mieux cependant est d'en avoir, d'abord parce que, lorsque l'on n'en a pas, on mange difficilement, ensuite, parce que la prononciation d'un homme dont la bouche est veuve de ses deux rateliers, ne saurait être ni distincte ni claire.

Art. 2. Les personnes privilégiées

qui ont de belles dents, doivent s'étudier, en causant, à ne pas trahir le désir orgueilleux de les montrer. C'est une espèce de fatuité qui fait toujours supposer la vanité la plus ridicule.

Art. 3. Quand on n'a plus de dents, et que l'âge ou la maladie nous les ont enlevées, il faut recourir à l'art de nos célèbres dentistes, renommés pour leurs mâchoires artificielles ; ces messieurs vous donneront des dents au meilleur marché. Adressez-vous surtout au docteur Pety, chirurgien-dentiste, rue du faubourg Montmartre, n° 7 ; il vous prouvera merveilleusement qu'on peut remplacer l'œuvre de la nature.

Art. 4. Il y a des gens qui, lorsqu'ils parlent, roulent dans leur bouche un curedent ; à quelque heure qu'on les rencontre, on les trouve toujours armés de ce petit instrument, qu'ils promènent autour de leurs rateliers. Cette habitude est du plus mauvais ton, et en outre elle nuit tellement à la prononciation, qu'il est impossible de saisir les mots qui s'échappent à travers ce tube intermédiaire.

Art. 15. La propreté de la bouche dépend de celle des dents ; ainsi, l'on ne saurait en prendre trop de soin. Une dent gâtée a souvent dérangé bien des calculs, sans que la personne désapointée ait connu la véritable cause de son mécompte. Il est des choses qu'on sent et que l'on n'ose dire.

CHAPITRE IV.

LES MAINS.

Art. 1er. La main est la langue supplémentaire de l'homme.

Art. 2. On ne peut se dispenser, sous quelque prétexte que ce soit, de se laver les mains.

Art. 3. La main seconde et vivifie, pour ainsi dire, l'expression de la pensée. Ainsi, quand on parle, il ne faut jamais mettre les mains dans ses poches.

Art. 4. Les gestes mesurés et réglés par le goût, ne doivent pas ressembler aux interprétations de la pantomime, et il serait ridicule de prendre un salon pour un théâtre ; mais que la main droite s'élevant et s'abaissant alternativement, marque les mouvemens précipités ou la lenteur de la langue ; qu'elle s'identifie, pour ainsi dire avec elle, et la suive avec une complaisante docilité ; ce sont deux amies qui ne peuvent se passer l'une de l'autre.

Art. 5. La main gauche est ordinairement condamnée au repos ; mais malgré son inaction habituelle, elle peut encore, de temps en temps, appuyer sa sœur et la servir dans les grandes circonstances ; c'est, par exemple, quand il s'agit de discussions politiques, et qu'il faut employer tous ses moyens pour arriver à la conviction, alors les deux mains sont nécessaires : peut-être une troisième ne serait-elle pas inutile, car il peut se faire que d'une discussion de paroles on passe à une discussion plus positive. Cela n'est pas d'usage; mais comme cela s'est vu quelquefois, deux autres mains disponibles ne seraient pas de trop pour repousser les argumens dits *argumenta à pugno*, qui, au milieu d'une conversation, peuvent tomber à l'improviste sur les épaules d'un interlocuteur un peu entêté.

Art. 6. On ne doit toucher ni les mains, ni les vêtemens de la personne à qui l'on parle; il est d'une insigne grossièreté de boutonner ou de déboutonner l'habit de l'interlocuteur; et il y a des gens qui ne peuvent dire un mot à quelqu'un, sans tirer son gilet ou rajuster sa cravate d'une main indiscrète, en accompagnant cette licence d'une observation intempestive sur la mode et ses lois. Cela sent d'une lieue le fat ridicule, le paysan, ou le garçon tailleur.

Art. 7. Comme l'usage du tabac est assez général, et joue d'ailleurs un rôle fort important dans la conversation, pour laquelle il facilite les rapports et les communications, il ne faut jamais refuser entièrement une prise offerte par une tabatière honnête; et fût-on l'ennemi déclaré de cette poudre qui *purge, réjouit et conforte le cerveau*, on doit toujours introduire délicatement le pouce et l'index dans la boîte complaisante, puis effleurer délicatement la poudre sternutatoire, sauf à en agir ensuite comme on voudra, car cela n'engage à rien.

Art. 8. Le précédent article ne s'applique pas aux dames, qui d'ailleurs ont rarement occasion de refuser des offres semblables, à moins qu'elles n'aient dix lustres accomplis; et encore faut-il que la politesse qui présente la tabatière ait d'abord été aux informations sur le goût et les habitudes particulières de la dame qui est l'objet de l'hommage.

Art. 9. Il ne faut jamais montrer une personne du doigt, quand on parle d'elle à une autre. La politesse veut impérativement qu'on désigne d'une manière moins ostensible : l'œil peut remédier au défaut d'une désignation précise.

CHAPITRE V.

LA GRAMMAIRE.

Art. 1er. La grammaire est la charte constitutionnelle de la conversation.

Art. 2. Il est permis, jusqu'à un certain point, de parler sans élégance ;

mais il est expressément défendu de parler incorrectement.

Art. 3. Une faute de français, vulgairement appelée *cuir*, est un crime de lèse-société.

Art. 4. Il ne faut jamais aborder un salon, à moins d'avoir son l'*Homond* dans la mémoire et son dictionnaire de poche dans la tête.

Art. 5. On doit éviter les subjonctifs et les imparfaits du subjonctif en *isse* ou en *asse* qui blessent l'oreille, comme les cuirs les mieux conditionnés.

Art. 6. La règle des participes est la pierre de touche d'un causeur.

Art. 7. Une phrase trop longue dans la conversation équivaut presque à une faute de français.

Art. 8. Il est des occasions où l'on doit s'en rapporter plutôt à l'usage qu'au dictionnaire de l'Acadamie qui est déjà bien vieux, et dont la nouvelle édition, corrigée et augmentée, est attendue depuis un siècle.

Art. 9. L'homme du monde porte avec aisance le joug de la grammaire; un pédant, qui a la prétention d'un puriste, ressemble à un âne trop chargé qu'on ne fait marcher qu'à coups de fouet.

Art. 10. Si un cuir échappe à

votre interlocuteur, gardez-vous bien de le lui faire apercevoir, en riant ou en haussant les épaules, à moins que vous ne vouliez avoir l'air d'un maître d'école.

CHAPITRE VI.

LA POLITESSE.

Art. 1er. La politesse est le passeport de l'homme pour aller dans le monde.

Art. 2. L'esprit ne saurait excuser le mauvais ton, et la société est la seule école où l'on enseigne les bonnes manières.

Art. 3. Il ne faut jamais appeler quelqu'un par son nom.

Art. 4. Quand on veut parler à une personne, on ne doit pas lui frapper sur l'épaule.

Art. 5. Si vous avez une objection à faire à la personne qui parle, attendez qu'elle n'ait plus rien à dire. Il est très-incivil d'interrompre son interlocuteur au milieu d'une phrase, si longue qu'elle puisse être.

Art. 6. Le talent d'écouter vaut quelquefois mieux que celui de bien dire.

Art. 7. La politesse exige qu'on regarde en face la personne qui parle.

Promener ses regards à droite et à gauche, annonce une distraction ou une inattention qui ressemblent au dédain.

Art. 8. Il faut subir un sot, tel quel; c'est un des accidens de la vie sociale; mais on peut empêcher qu'il se renouvelle, en ne se risquant plus avec légèreté dans une conversation avec un homme suspect ou qu'on ne connaît pas.

Art. 9. Quand on soutient une discussion avec politesse, on n'est pas forcé de changer d'opinion, et il n'est pas nécessaire de paraître convaincu.

Art. 10. Il faut éviter les mots

d'une basse trivialité, les locutions empruntées du dictionnaire de la populace, et les expressions du langage cynique; toutes choses qui sont généralement comprises sous la dénomination vulgaire d'idiome des halles.

Art. 11. La politesse ne doit être confondue ni avec la bassesse ni avec la flatterie, et elle n'exclut pas la franchise.

Art. 12. Quelle que soit la profession qu'on exerce, il ne faut jamais déprécier ni ravaler celle des autres.

Art. 13. Il y a une politesse de gestes aussi bien qu'une politesse de paroles : on ne les étudie bien l'une et l'autre que dans les salons.

CHAPITRE VII.

LA MÉMOIRE.

Art. 1ᵉʳ. La mémoire est le portefeuille de l'esprit.

Art. 2. Il faut avoir soin de le renouveler de temps en temps, et on y parvient par l'étude, et surtout par la lecture.

Art. 3. La mémoire ne se conserve que par l'exercice fréquent de cette faculté précieuse. Un homme qui n'a pas de souvenirs ressemble à une lampe près de s'éteindre, parce qu'il n'y a plus d'huile.

Art. 4. Quand l'imagination s'arrête épuisée, la mémoire prend sa place, et lui donne le temps de se reposer; car il est essentiel, dans la société, d'avoir toujours quelque chose à dire.

Art. 5. Il est nécessaire de se rappeler bien exactement les différens états des personnes avec lesquelles on cause. Si c'est un auteur, il ne faut jamais oublier le titre de ses ouvrages, quand il en a composé; ce qui n'est pas absolument de rigueur pour un homme de lettres. Si c'est un militaire, souvenez-vous des batailles où il s'est trouvé ; si c'est un magistrat, souvenez-vous des causes importantes qui lui ont été soumises. On peut juger par ces deux exemples des services que peut rendre la mémoire, en fournissant les moyens les plus sûrs pour plaire dans le monde.

Art. 6. La morale chrétienne permet l'oubli des offenses ; le bon ton exige l'oubli des sottises : aussi faut-il bien se garder de rire en voyant un sot, dont l'aspect peut nous rappeler un propos saugrenu ou une bévue historique.

CHAPITRE VIII.

LES ANECDOTES.

Art. 1ᵉʳ. La première condition d'une bonne anecdote est d'être neuve.

Art. 2. Un homme est perdu de réputation si l'anecdote qu'il raconte date de plus de huit jours ; c'est absolument comme si elle se trouvait dans la *Morale en action*.

Art. 3. Il faut que l'anecdote intéresse ou amuse les personnes auxquelles on la raconte.

Art. 4. Un homme qui raconte une anecdote très-comique, doit surtout se garder de rire ; mais une petite larme d'attendrissement est permise, quand le récit est pathétique : c'est une des anomalies singulières, une des contradictions bizarres qu'on trouve assez ordinairement dans le monde.

Art. 5. Il faut éviter les longues digressions dans le récit d'une anecdote, et on doit se hâter d'aller au but.

Art. 6. Lorsqu'on a le malheur de manquer son effet sur l'auditoire, il faut aussitôt chercher le moyen le plus honnête pour s'esquiver, prendre sa canne et son chapeau, et disparaître.

Art. 7. Une anecdote doit être racontée sans prétentions et sans promesses. Les préambules ne servent qu'à rendre les auditeurs plus sévères et plus exigeans; il faut leur laisser le soin de dire : *C'est drôle! c'est intéressant!* Et si on les prévient qu'ils vont rire ou s'attendrir, alors ils rient et s'attendrissent avec d'autant plus de difficulté qu'on semble leur en avoir imposé la nécessité : ce sont tous gens qui n'aiment pas qu'on leur apprenne ce qu'ils ont à faire.

Art. 8. Il faut être très-économe

d'anecdotes : c'est une monnaie dont un homme d'esprit et de goût ne se sert que dans les grandes occasions.

Art. 9. Pour les anecdotes historiques, il ne faut pas remonter au-delà de 1789; et un récit dont les héros appartiendraient par hasard à la régence ou au règne de Louis XV, paraîtrait aussi inconvenant qu'un trait de l'histoire grecque ou romaine à l'usage de l'ancienne école militaire.

CHAPITRE IX.

LES PROVERBES.

Art. 1er. Les proverbes, qu'on a

justement appelés la raison du peuple, font dégénérer la conversation en rabâchage quand ils sont trop fréquemment cités.

Art. 2. Un proverbe mal appliqué est un grossier contre-sens.

Art. 3. Il faut, autant que possible, placer le proverbe à la fin de ce qu'on peut avoir à dire, parce qu'il a la forme d'une conclusion.

Art. 4. Il est nécessaire de faire comprendre, par la manière dont on cite un proverbe, qu'il est emprunté du dictionnaire du peuple, et on doit en prévenir l'auditoire par une petite périphrase : d'abord parce qu'il est des proverbes qui ne sont pas connus de tout le monde, ensuite parce que les proverbes ont une force dogmatique qui ferait passer un homme d'esprit pour un pédant ou pour un maître d'école; ce qui est à peu près la même chose.

Art. 5. Il ne faut pas oublier que Fabre d'Eglantine a placé dans sa comédie de l'*Intrigue épistolaire* le rôle d'une vieille femme qui ne s'exprime que par proverbes; et le souvenir de Sancho Pança qui en assommait Don Quichotte, doit être toujours présent à l'esprit de quiconque aurait du goût pour une manie bien voisine du ridicule.

CHAPITRE X.

ÉTUDE DES PHYSIONOMIES.

Art. 1ᵉʳ. Avant de commencer à parler avec quelqu'un, tâchez d'abord de comprendre le langage muet de sa physionomie, car la physionomie est, à peu d'exceptions près, l'expression du caractère et des sentimens qu'on éprouve.

Art. 2. Si vous remarquez une teinte de tristesse sur la figure d'une personne, ne l'abordez pas avec un air riant et une parole gaie; et *vice versâ*, si vous vous trouvez devant un visage épanoui qui annonce la belle humeur, gardez-vous de le rembrunir par les vapeurs d'une conversation sévère et sérieuse.

Art. 3. Observez sur la physionomie de votre interlocuteur l'effet de vos paroles; cherchez à pénétrer ce qu'il éprouve; ne le perdez pas un instant de vue, et que vos yeux, constamment attachés sur lui, vous guident, pour ne pas vous compromettre par un mot qui pourrait déplaire, ou par la fatigue d'un trop long entretien.

Art. 4. Quand votre interlocuteur se mouchera souvent ou regardera d'un côté et d'un autre, au lieu de vous interrompre par un sourire, ou par quelque monosyllabe approbatif, coupez court, et arrivez tout de suite au dénouement.

Art. 5. Si vous êtes embarrassé pour finir, et que vous ne soyiez encore qu'à l'exposition, cherchez une excuse polie ; demandez un ajournement qu'on ne vous refusera jamais, et cherchez un autre interlocuteur. De cette manière, vous n'aurez rien perdu dans l'esprit de celui que vous aurez quitté poliment.

Art. 6. Soyez bref et mesuré avec des physionomies mélancoliques et sérieuses; abondant en paroles, mais sans prolixité, avec les figures ouvertes et sereines ; ne vous faites pas faute de ris et de bruyante gaîté avec ces faces joufflues qui sont toujours disposées à l'hilarité.

Art. 7. Étudiez de temps en temps le système de Gall, qui pourra vous fournir de précieux renseignemens sur la tête humaine ; mais n'admettez pas sans restriction toutes les idées, toutes les doctrines de ce savant sur les *bosses*, parce qu'il pourrait arriver qu'un homme en qui vous découvririez la *bosse* du *crime* fût un parfait honnête homme, et qu'un particulier dont le crâne présenterait la bosse de la vertu, vous prît adroitement votre mouchoir ou votre tabatière dans votre poche.

CHAPITRE XI.

LES LECTURES.

ART. 1er. Il faut réparer par la lecture les pertes quotidiennes que l'on fait dans le monde par la conversation, et choisir les livres qui peuvent lui fournir un aliment de facile digestion.

ART. 2. La plupart des romans nouveaux ne valent pas la peine d'être lus; mais on doit toujours connaître et pouvoir analyser, au besoin, le roman qui a la vogue. Il n'est pas inutile non plus d'être à même de fournir des renseignemens à la curiosité sur l'auteur de l'ouvrage et sur son existence littéraire.

Art. 3. Il faut pouvoir citer au moins les dix meilleurs vers d'une tragédie nouvelle qui a réussi.

Art. 4. On est dispensé de lire les brochures politiques, mais non pas les mémoires historiques, privés, judiciaires et autres, qui se recommandent par un peu de scandale.

Art. 5. Il faut parcourir, le matin, au moins quatre journaux politiques, et deux journaux de théâtre. Si, par hasard, on a lu le *Moniteur*, on doit se garder de le dire, parce qu'on se donnerait un ridicule aussi grand que ce journal.

Art. 6. Les Petites-Affiches sont une lecture très-substantielle ; on ne doit pas négliger l'article des banqueroutes ni celui des décès. Pour aller voir les vivans, il n'est pas inutile d'avoir fait connaissance avec les morts. Le chapitre des oraisons funèbres tient une grande place dans la conversation.

Art. 7. En fait d'almanachs, il ne faut lire que l'Almanach royal, qui renferme toutes les notions de la hiérarchie sociale. On ne saurait trop méditer sur cet ouvrage, vaste et admirable Encyclopédie des titres et des honneurs ; en apprenant à distinguer ceux qui en sont revêtus, on acquiert les trois quarts de la science nécessaire pour parvenir à figurer un jour noblement dans cette brillante galerie. Un homme du monde, qui possède son Almanach royal, ne peut faire un pas sans rencontrer sinon un ami, du moins une connaissance.

Art. 8. Les biographies modernes peuvent être l'objet d'une étude utile; mais il faut se garder de convenir qu'on les a consultées, attendu qu'elles passent généralement pour ne pas contenir un mot de vrai.

Titre deuxième.

L'ENTRÉE DANS LE MONDE.

CHAPITRE PREMIER.

LE SALON.

ART. 1ᵉʳ. Un salon doit être considéré comme un théâtre, où l'on est appelé à jouer un rôle devant un public qui applaudit et qui siffle, selon qu'il trouve l'acteur bon ou mauvais: il faut donc s'observer en observant les autres, et se composer un maintien, une allure, un langage qui soient analogues aux localités.

Art. 2. Si vous vous trouvez dans un salon de finance, et que les hommes de bourse, les banquiers, les spéculateurs y dominent, vous y remarquerez une espèce de laissé-aller, d'abandon, sur lesquels on peut se régler; mais il est bien nécessaire de ne pas s'oublier, parce que la tolérance d'un Turcaret est souvent très-susceptible, et pourrait vous rappeler à l'ordre d'une manière un peu cavalière. Du reste, le salon de la finance est le premier qu'un apprenti de société doive fréquenter, attendu que sa timidité naturelle peut y trouver la bienveillance des encouragemens.

Art. 3. Le ton sévère et presque solennel est d'une nécessité absolue dans le salon de l'aristocratie; la parole doit y être rare : peu de mots ; répétition fréquente des titres, joints aux noms avec accompagnement de la particule nobiliaire; force saluts, voilà ce que réclament les cercles, où les marquis, les barons, les chevaliers, etc., apportent le tribut de leur morgue et de leur vanité héraldique.

Art. 4. Le salon de la bourgeoisie ou du tiers-état, comme on disait en 1789, vent plus de prétention, d'afféterie, que de politesse véritable. Les femmes y sont plus exigeantes qu'ailleurs : là, il faut s'occuper d'elles spécialement; et les hommes, au contraire, y sont très-accommodans, et sourient facilement à un mauvais jeu de mots et à un calembour.

Art. 5. Quant on entre dans un salon quelconque, où il y a plus de dix personnes, on salue tout le monde en général par une inclination très-humble de tête, et l'on ne parle qu'au maître de la maison, en ayant soin que la dame du lieu reçoive le premier hommage. Quand cette dette est payée, on se rapproche du cercle, et l'on s'introduit par la première porte ouverte dans la conversation.

Art. 6. Si l'invitation qui vous a conduit dans un salon ne vous vient pas directement du maître du logis, la situation devient un peu plus embarrassante, et exige beaucoup d'aplomb et d'assurance. Le meilleur parti à prendre, est de s'informer, avant d'entrer, du nombre des personnes qui se trouvent réunies, afin de pouvoir pénétrer, pour ainsi dire, incognito, et pour éviter le chapitre des informations et des mots dits à l'oreille. En saisissant le moment de la cohue ou de la foule, on échappe au danger d'être remarqué; on se mêle aux groupes, et avec un petit air riant et dégagé, des manières aisées, en portant la tête un peu haute, on passe pour un des intimes de la maison; on aborde, on cause, on questionne, on répond, on se mêle aux conversations, on va de droite à gauche, de gauche à droite, et il n'y a pas de raison pour qu'au bout d'une heure on n'ait pas vingt amis dévoués, et trente connaissances dans une société où on ne trouvait d'abord que des étrangers dont les figures froides, impassibles, ne présageaient que des mortifications et des désappointemens.

Art. 7. En général, la conversation des salons, quels qu'ils soient, exige beaucoup de soin et d'attention dans le choix des expressions. Si l'on a affaire à des supérieurs, c'est une marque qu'on veut s'élever jusqu'à eux ; à des égaux, qu'on les respecte; à des inférieurs, qu'on ne les méprise pas.

CHAPITRE II.

LES FEMMES.

Art. 1er. Il faut, en parlant aux femmes, se rappeler constamment qu'elles veulent d'abord savoir ce qu'on pense d'elles en bien, ensuite ce qu'on pense des autres femmes en mal.

Art. 2. Si vous voulez plaire à une jeune demoiselle, jolie ou laide, parlez-lui toujours de sa beauté ou de ses charmes : jolie, elle vous croira sans peine ; laide, elle pourra penser que son miroir ne vaut rien, mais ne vous saura jamais mauvais gré d'un mensonge poli.

Art. 3. Parlez à une jeune fiancée des talens ou des richesses de son futur époux; à une épouse, des vertus de son mari; à une mère, de la gentillesse de ses enfans, et des espérances qu'ils donnent à leurs parens.

Art. 4. Il ne faut jamais oublier que la coquetterie est la plus grande affaire de la vie d'une femme, et que l'âge même ne saurait éteindre tout-à-fait chez elle le desir de plaire.

Art. 5. Ayez autant de bienveillance et d'égards dans vos réponses aux questions d'une femme laide ou vieille, que si vous étiez interrogé par une femme qui aurait en partage la jeunesse et la beauté.

Art. 6. Avec une dévote, ne hasardez aucun quolibet, aucun doute hérétique; mais aussi gardez-vous de l'entretenir de graves questions de théologie ou d'histoire religieuse: seulement tâchez de connaître la paroisse qu'elle fréquente, de lui parler des beaux mariages qui y ont été célébrés, des vertus de monsieur le curé, de l'excellence de l'orgue, et de la tenue magnifique du suisse, ainsi que de la politesse du bedeau.

Art. 7. Une vieille femme qui a

un petit chien, vous regardera comme l'homme le plus aimable, le plus spirituel de la terre, si vous vous occupez non d'elle-même, mais du petit Azor, et surtout si vous avez quelque vieille anecdote à raconter touchant la gloire de quelques chiens célèbres.

Art. 8. En général, les femmes n'aiment pas les longues phrases ni les grands mots : soyez simple, bref, concis, et arrivez au but sans circonlocution, sans détour, mais en ayant soin d'avoir toujours le sourire sur les lèvres.

CHAPITRE III.

LES HOMMES.

Art. 1er. Il faut parler aux jeunes gens de l'avenir, aux hommes mûrs du présent, aux vieillards du passé.

Art. 2. On doit rechercher la conversation des hommes d'esprit, éviter poliment celle des sots, écouter patiemment et avec indulgence celle des ignorans.

Art. 3. Comme on est exposé à rencontrer dans le monde des hommes de toute espèce, la tolérance est une vertu de première nécessité.

Art. 4. Si vous vous trouvez avec un homme instruit, animez la conversation par des éloges adroits qui engagent votre interlocuteur à prolonger l'entretien.

Art. 5. Tâchez surtout de parler, non pas de ce que vous savez, mais de ce que sait la personne avec laquelle vous voulez causer, attendu que l'esprit de la conversation consiste bien moins à en montrer beaucoup qu'à en faire trouver aux autres.

Art. 6. Rappelez-vous, quand vous avez affaire à un sot, cet adage : *Un sot porte des sottises, comme un sauvageon porte des fruits amers;* alors vous serez plus disposé à l'humanité.

ART. 7. Avec un supérieur, ayez un ton modeste, mais sans humilité; si vous parlez à un égal, ne cherchez pas à vous élever au-dessus de lui; placez-vous au-dessus de l'inférieur, afin que sa reconnaissance vous accorde encore plus que vous n'auriez droit d'exiger de lui.

ART. 8. Êtes-vous en présence d'un grand seigneur, d'une personne puissante dont vous vouliez gagner les bonnes grâces, étudiez-vous à lui faire sentir, non que vous avez du talent pour remplir la place que vous sollicitez, mais qu'il est digne de tous les honneurs, et que son mérite est au-dessus de toutes les récompenses.

Art. 9. Ne parlez jamais aux hommes de vos rentes ni de votre noblesse, si vous êtes riche ou noble ; vos laquais et l'écusson de votre voiture sauront bien le dire.

CHAPITRE IV.

L'ÉTAT.

Art. 1er. Un des points essentiels en entrant dans un salon, c'est de *s'orienter*, ou de chercher à connaître l'état de chaque personne qu'on y rencontre.

Art. 2. On peut avoir des notions suffisantes, en écoutant avec attention les laquais qui annoncent.

Art. 3. Si vous êtes arrivé trop tard, ou si quelque obstacle, tel qu'une question à laquelle il vous a fallu répondre, ou un compliment à adresser à une jolie femme, vous a empêché d'avoir le signalement social des assistans, interrogez discrètement votre voisin.

Art. 4. Ne parlez pas à un médecin de maladies ni de malades; et surtout évitez tout ce qui pourrait avoir l'air d'une consultation : cependant ne lui laissez pas ignorer que vous le connaissez de réputation ; causez avec lui sur la politique, la littérature, les spectacles, la science en général.

Art. 5. Vous trouvez-vous avec un poète, louez ses vers, vous lui ferez toujours plaisir; mais s'il est auteur de quelques notices, s'il travaille ou s'il a travaillé à un journal, vantez sa prose encore plus que ses vers; paraissez oublier ses alexandrins pour faire l'éloge de son style élégant, de sa critique judicieuse et profonde, et vous serez à ses yeux un homme de goût, un homme charmant enfin.

Art. 6. N'oubliez pas que les gens

de justice aiment à parler de leurs affaires, de leurs études, de la jurisprudence en général. Les avocats, les juges et les avoués ne quittent jamais leurs robes, et un notaire, quelque temps qu'il fasse, et n'importe où il se trouve, est toujours notaire: ainsi risquez hardiment avec ces messieurs la question de procédure ou de droit, vous serez toujours accueilli avec bienveillance.

Art. *. Un négociant, un banquier vous adressent-ils la parole, professez la plus haute estime pour le commerce en général, et vantez ses bienfaits immenses : c'est un lieu commun que ces messieurs entendent toujours volontiers ; et d'ailleurs votre conscience n'aura jamais à s'en repentir.

Art. 8. L'employé d'un ministère, chef ou simple expéditionnaire, ne se fâche pas des plaisanteries qu'on peut faire sur la bureaucratie, et il entend raillerie sur le chapitre du verre d'eau et de la flûte. Mais cela est maintenant trop usé, et il faut avec lui tâcher de rajeunir la conversation en abordant la question de haute administration ou de politique, avec discrétion et mystère toutefois, parce qu'un employé, chef ou simple expéditionnaire, croit toujours être un important personnage.

Art. 9. Ne repoussez pas la provocation un peu pédante d'un étudiant, d'un écolier, ou d'un jeune homme échappé des bancs du collége; ils aiment généralement à parler de leurs études, de leurs auteurs classiques. Ne leur refusez pas un hémistiche de Virgile ou un iambe d'Horace ; ce sont de menus frais de mémoire, et vous n'aurez pas à les regretter.

Art. 10. Il y a des personnes qui n'ont pas précisément d'état : ce sont les propriétaires, les rentiers, qui se contentent de manger leurs revenus. Avec eux effleurez des sujets divers, dissertez sur le bonheur de l'indépendance, développez votre théorie sur le plus convenable emploi de la fortune, de manière à pressentir les goûts et les habitudes des personnes auxquelles vous parlez.

CHAPITRE V.

LA MODESTIE.

Art. 1ᵉʳ. On n'exige pas que vous soyez réellement modeste, tâchez du moins de le paraître.

Art. 2. La modestie, telle qu'il faut la concevoir, consiste non-seulement dans les périphrases humbles et polies, mais encore dans les yeux, la démarche, les gestes, le son de voix, qui doivent être appropriés à la parole; car il n'y aurait rien de plus absurde, pas de contenance plus ridicule qu'un acte d'humilité ou de contrition fait avec l'accueil brutal de la colère ou du gros orgueil qui se fâche.

Art. 3. La modestie, ou ce qui en a l'air, est une spéculation sur la vanité des autres.

Art. 4. Si vous voulez qu'on dise du bien de vous, n'en dites jamais.

Art. 5. Évitez en général de parler souvent de vous-même, car si vous faites votre éloge, on le prendra pour un mensonge; si vous faites vous-même votre critique, on la considérera comme un article de foi.

Art. 6. Si vous avez un bon mot

de votre façon, dont vous craigniez la première épreuve, mettez-le modestement sur le compte d'un autre, sauf à vous le restituer et à reprendre votre bien dans une autre occasion.

Art. 7. Gardez-vous des locutions, des assertions tranchantes, mais employez les formules dubitatives : *il me semble que ; je croirais, sauf erreur ; peut-être pourrait-on dire que ; permettez-moi une objection*, etc., etc. Si vous n'arrivez pas à convaincre ceux qui vous écoutent, du moins vous ne les effarouchez pas. C'est quelque chose, c'est même beaucoup en affaire de conversation.

CHAPITRE VI.

L'ATTENTION.

ART. 1ᶜʳ. L'OBLIGATION d'écouter est une des lois fondamentales du code social.

ART. 2. L'art de bien entendre est quelquefois préférable à celui de bien parler.

ART. 3. L'inattention peut être plus ou moins impolie et quelquefois même outrageante. Il est bien difficile, il est vrai, de ne pas se rendre coupable de ce tort envers les sots et les niais; mais c'est aussi une des meilleures raisons qu'on puisse avoir de les éviter.

Art. 4. Prendre le mutisme impassible pour l'attention, serait une grossière erreur, une interprétation très-malhonnête de la loi de la politesse. Il faut prouver qu'on a non-seulement des yeux, mais encore des oreilles; et un monosyllabe d'approbation et d'intérêt doit annoncer qu'on écoute et qu'on entend tout à la fois: c'est ce qu'on peut appeler donner signe de vie à son interlocuteur.

Art. 5. Il n'est permis d'être distrait que lorsque la personne qui vous parle vous adresse incidemment quelques éloges ou fait une allusion flatteuse à une action, à un ouvrage, ou à un mot qui vous honore.

CHAPITRE VII.

LES CONVENANCES.

Art. 1ᵉʳ. L'observation des convenances est l'accord exact et scrupuleux de la conduite et des paroles avec le goût, les usages et la politesse.

Art. 2. Les convenances se règlent d'après l'âge, le caractère et l'état des personnes, les lieux et les circonstances où l'on se trouve.

Art. 3. Il ne faut pas vanter le bonheur de la jeunesse devant une vieille femme; parler des conquêtes d'un joli homme devant un bossu.

Art. 4. Si vous avez pour voisin à table ou dans un salon un vétéran de l'émigration, n'allez pas célébrer les victoires de la République ou de l'Empire; en présence d'un Député ministériel, gardez pour vous vos phrases sur le désintéressement, sur la conscience et sur la loyauté.

Art. 5. N'oubliez pas que l'esprit des convenances se rattache aussi à la topographie, et doit varier suivant la différence des lieux et des climats: ainsi une phrase, une plaisanterie qui seraient d'un excellent goût dans le Marais, seraient une sottise au faubourg Saint-Germain; et tel conte qui aurait eu le plus grand succès, un succès *fou* enfin, à la Chaussée-d'Antin, ferait rougir la pruderie des solitaires de la Place-Royale.

ART. 6. Ayez égard à l'habit, à la figure des gens, à leur position sociale : ainsi, ne parlez pas de la mode à côté d'un habit qui date de l'Empire ou du Directoire, ni de votre bonne santé, en face d'une physionomie qui annonce la souffrance, ni de votre fortune devant un brave homme qui a été ruiné par une banqueroute, par une révolution ou par un emprunt espagnol.

Titre troisième.

LE DINER.

CHAPITRE PREMIER.

L'INVITATION.

Art. 1ᵉʳ. Il ne faut jamais demander un dîner, à moins qu'on n'ait affaire à un ami de collége, à un frère, ou à telle autre personne avec laquelle les relations habituelles de familiarité dispensent d'invitation.

Art. 2. On doit se faire prier au moins trois fois avant d'accepter une invitation chez une connaissance ou un ami douteux.

Art. 3. Si vous entendez prononcer les mots terribles de *dîner sans façon*, faites-vous prier bien longtemps, à moins que vous ne vouliez pas dîner du tout, ou que votre intérêt ne demande impérieusement un sacrifice à votre estomac.

Art. 4. Quand vous avez accepté un dîner d'une connaissance ou d'un ami douteux, évitez la banale prière ou les ridicules remercîmens : *Oh! point de cérémonies.....! Vous êtes trop aimable...!* » Cela sent le paysan ou le parasite qui a faim.

Art. 5. Lorsque vous avez prononcé le *oui* fatal, changez par une habile transition le sujet de la conversation, ou, si votre temps est précieux, brusquez votre sortie, et tirez votre révérence.

Art. 6. Si des affaires imprévues, extraordinaires, vous empêchent de vous rendre à l'invitation, n'allez pas prendre la peine de balbutier des excuses verbales; mais écrivez un mot poli à l'amphitryon mâle ou femelle, et arrangez-vous pour que votre lettre arrive avant midi. Le lendemain ou le surlendemain vous pourrez apporter le complément de vos excuses. Les usages de la société accordent même huit jours pour remplir ce devoir.

CHAPITRE II.

LE DIALOGUE D'ESSAI.

Art. 1ᵉʳ. Avant de se mettre à table, on cause ordinairement un peu, et les convives préludent à la conversation du dîner par quelques mots échangés entre eux : c'est la préface ou l'avant-propos. Voilà le moment qu'il faut choisir pour connaître les différens individus avec lesquels on doit passer quelques heures. Alors il est permis d'employer les banalités, telles que la pluie et le beau temps, l'inconvénient des rues trop passantes, la lenteur ou la malhonnêteté des fiacres, la pièce jouée dernièrement à l'Opéra, le bal donné chez le prince ou le banquier un tel, etc., etc. Il faut avoir l'imagination bien pauvre pour ne pas trouver un sujet convenable.

Art. 2. A la faveur de ces matières communes, on peut faire une reconnaissance générale du terrain moral que l'on va parcourir : on distingue les personnes communicatives de celles qui ne le sont pas, les sourds de ceux qui ont l'oreille fine, l'humeur joviale de la taciturnité; enfin on échappe aux malheurs irréparables des méprises et des erreurs.

Art. 3. On est dispensé, sinon de

parler, du moins d'avoir de l'esprit pendant toute la durée du potage.

Art. 4. Il faut éviter de mettre l'assemblée dans la confidence des secrets de son estomac : ainsi on doit être très-discret sur le chapitre du plus ou moins d'appétit qu'on peut avoir ; et il vaut mieux garder le plus profond silence que de faire savoir que le potage est une excellente chose quand on a faim.

Art. 5. Lorsqu'on arrive au moment du premier service, alors on peut risquer le petit mot pour rire, tâter pour ainsi dire son voisin ou le vis-à-vis chez lequel on rencontre une provocation de gaîté ou d'une familiarité aimable; mais il faut avoir soin de ne pas attirer l'attention générale, parce que c'est l'instant critique où les auditeurs, encore presque à jeun, sont presque tous des juges.

CHAPITRE III.

DES SERVICES.

Art. 1ᵉʳ. Il faut considérer un dîner comme un drame en plus ou moins d'actes, suivant l'économie ou la générosité de l'amphitryon.

Art. 2. On doit imiter le comédien qui distribue sagement son talent et son énergie de manière à ne pas s'épuiser dès les premiers actes, et avoir assez de poumons pour le dénouement.

Art. 3. Si lorsqu'on se trouve à un dîner romantique qui a plus de cinq services, et qui dépasse le nombre voulu par les règles classiques, on se laisse entraîner à une maladroite dépense d'esprit, on court risque d'essuyer une banqueroute au rôti, et d'être en déconfiture complète bien avant le dessert.

Art. 4. Soyez aimable, mais circonspect et avare de longues phrases pendant le premier service; alors les convives ont peu ou point d'oreilles.

Art. 5. Au second service, l'appétit commence à se calmer, les dents se reposent pendant quelques instans, et l'on ne demandera pas mieux de vous entendre : c'est alors que vous pourrez vous permettre une plaisanterie de bon goût, amener par une transition délicate le récit d'une anecdote plaisante. Mais songez bien que ce n'est pas encore le moment d'une plaisanterie qui exigerait de la réflexion ou un conte qui réclame une attention soutenue; l'esprit est encore, chez les convives, sous l'empire de l'estomac.

Art. 6. Quand le troisième service a occupé pendant quelque temps les dîneurs, lorsqu'enfin l'intérêt de curiosité gourmande n'a plus que peu de chose à demander, sauf le chapitre des superfluités qui plaisent toujours au gastronome, même lorsqu'il n'y touche pas, vous pouvez profiter de la trêve, et ranimer la conversation par l'éloge du vin et des mets, par un compliment adressé à l'amphitryon; mais il faut qu'à votre tour vous le serviez selon son goût, et que vous consultiez son caractère et ses habitudes : tel veut un éloge tout cru, tel autre refuserait une flatterie sans assaisonnement.

Art. 7. A mesure que vous voyez s'approcher le dessert, augmentez le feu de vos reparties, la vivacité du dialogue; mais, prudent nautonnier, ne perdez pas encore de vue le rivage.

CHAPITRE IV.

LA POIRE ET LE FROMAGE.

Art. 1er. Mettez à profit le moment d'interruption qu'occasione l'arrivée du dessert; alors les conversations sont presques suspendues : recueillez-vous, reprenez haleine pendant ce court intervalle, et préparez tous vos moyens pour le morceau final.

Art. 2. Quand les écuyers-servans, vulgairement appelés valets, ont disposé l'agréable et gentille économie du dessert, les vins fins et recherchés se disposent à jaillir de leurs prisons transparentes; bientôt les bouchons sautent, les verres s'emplissent : alors aussi que les bons mots, les plaisanteries, les fines allusions, les propos d'une aimable galanterie, s'échappent en même temps que les flots du nectar bachique, que votre gaîté contrainte se donne carrière; ne vous faites pas faute de l'anecdote un peu croustilleuse, du conte bouffon; mais rappelez-vous le principe général : **Les meilleurs contes sont les plus courts.**

Art. 5. Evitez de parler trop vite,

et mettez-vous en garde contre le bon vin qui épaissit la langue, et finit par vous faire bredouiller sans qu'on s'en doute. Vantez le bon vin, mais ne buvez qu'autant que cela ne pourra faire tort ni à votre langue, ni à votre esprit.

Art. 4. Une fois qu'on est arrivé au dessert, il faut renoncer à la politique, à la littérature, aux journaux, aux théâtres; ceux-ci seulement peuvent être exploités sous le rapport de la chronique scandaleuse; mais en général les sujets de la conversation doivent être légers, badins, et il n'est pas permis, sous peine de lèse-société, d'être sérieux, grave et lourd, entre *la poire* et *le fromage.*

Art. 5. Fuyez tout ce qui aurait l'air d'une discussion. Si par hasard un convive s'amuse à vouloir vous prouver que vous avez dit une bêtise, passez-lui gaîment condamnation là-dessus; et si vous pouvez prendre votre revanche, saisissez-en l'occasion, afin de mettre les rieurs de votre côté : mais surtout gardez-vous de vous fâcher, ou d'en avoir l'air, car on vous prendrait pour un Centaure ou pour un Lapithe, et vous seriez bientôt lardé des flèches du ridicule.

CHAPITRE V.

LE VIN DE CHAMPAGNE

Art. 1ᵉʳ. Le vin de Champagne n'autorise pas les cris d'une joie bruyante, mais il les tolère.

Art. 2. Il est permis de déraisonner une fois; c'est lorsqu'on a vidé trois ou quatre verres d'Aï.

Art. 3. Si vous savez chanter, proposez-vous pour égayer l'auditoire buveur par quelque refrain bachique, mais que ce soit sans prétention, et sans avant-propos sur la faiblesse de votre voix, sur votre inexpérience. On ne demande pas que vous soyiez un Martin, mais un convive aimable ; et quand même vous chanteriez du nez aussi bien que mademoiselle Mori, quand même vous auriez la voix de M. Huet, vous n'obtiendriez pas moins un succès complet, et il ne tiendra qu'à vous de vous croire, jusqu'au lendemain matin, le premier chanteur du monde.

Art. 4. Si vous faites des chansons (et qui n'en fait pas?) et qu'on l'ignore, ne le dites pas, parce que la position d'un poète est toujours peu agréable. Si vous ne pouvez jouir des faveurs de l'incognito poétique, alors ne vous faites pas prier, pourvu toutefois que votre chanson soit analogue à la circonstance; allez au devant des instances; et pour que l'on ne cherche pas chicane à votre amour-propre, dites d'abord que votre chanson est détestable, et invoquez en sa faveur l'indulgence du vin de Champagne : c'est un patron qui vous métamorphosera en Désaugiers, en Pannard ou en Béranger, pour tout le temps que durera l'aimable orgie du dessert.

Art. 5. Avez-vous en réserve un conte égrillard, et dans votre auditoire ne comptez-vous que des mamans ou des femmes mariées, ne vous embarrassez pas de la rougeur qui pourra s'élever sur les physionomies pudibondes ; contez hardiment, mais en glissant sur les endroits dont pourrait trop s'effaroucher la délicatesse féminine : après tout, elle a pour elle le rempart du mouchoir ; contez toujours, les dames crieront en se cachant le visage : C'est une horreur ! mais vous pouvez traduire cette exclamation par : C'est charmant !

Art. 6. On doit applaudir aux chansons, rire aux contes des autres ; si par bonheur on a conservé toute sa raison, ce qui n'est pas de rigueur, on peut adresser un compliment au chanteur ou au conteur, et faire ressortir quelques-unes des qualités qu'il a ou qu'il n'a pas ; car à cet instant décisif d'un dîner, il est convenu que tout le monde a de l'esprit, que tout les convives sont égaux en amabilité.

CHAPITRE VI.

LE JARDIN.

Art. 1ᵉʳ. Lorsqu'après le dîner on va faire un tour dans le jardin, il ne faut pas croire que ce soit uniquement pour respirer, et pour faire une promenade de digestion.

Art. 2. On doit chercher à prendre le bras d'une jolie femme, ou, à son défaut, d'une femme d'esprit;

ou, l'une et l'autre manquant, s'associer à un homme dont la conversation ou la connaissance puisse vous être bonne à quelque chose.

Art. 3. Avez-vous le bonheur de vous trouver près d'une dame jeune et belle, saisissez l'occasion d'un rapprochement entre elle et quelque sujet du règne végétal: les allusions flatteuses, empruntées de la botanique, sont toujours neuves quand l'esprit sait leur prêter une nouveauté piquante; et les femmes, quoi qu'en disent les plaisans, ne répudient jamais leur parenté avec une rose.

Art. 4. Si l'âge et la figure de votre compagne de promenade ne compor-

décisif d'un dîner, il est convenu que tout le monde a de l'esprit, que tout les convives sont égaux en amabilité.

CHAPITRE VI.

LE JARDIN.

Art. 1er. Lorsqu'après le dîner on va faire un tour dans le jardin, il ne faut pas croire que ce soit uniquement pour respirer, et pour faire une promenade de digestion.

Art. 2. On doit chercher à prendre le bras d'une jolie femme, ou, à son défaut, d'une femme d'esprit;

ou, l'une et l'autre manquant, s'associer à un homme dont la conversation ou la connaissance puisse vous être bonne à quelque chose.

Art. 3. Avez-vous le bonheur de vous trouver près d'une dame jeune et belle, saisissez l'occasion d'un rapprochement entre elle et quelque sujet du règne végétal: les allusions flatteuses, empruntées de la botanique, sont toujours neuves quand l'esprit sait leur prêter une nouveauté piquante; et les femmes, quoi qu'en disent les plaisans, ne répudient jamais leur parenté avec une rose.

Art. 4. Si l'âge et la figure de votre compagne de promenade ne comportent pas l'emploi de la galanterie *florale*, tâchez de lui plaire par d'autres moyens: parlez de l'agrément d'une belle soirée, du charme des bois, des bosquets solitaires ; déroulez le tableau de la vie champêtre, des plaisirs de la campagne, quand ils sont partagés par une femme aimable. Les lieux communs passent toujours à la faveur de cette conclusion.

Art. 5. Lorsque des enfans sont conduits auprès de vous par la pétulance de leurs jeux, ne les repoussez pas, à moins que leurs toupies, leurs cerceaux ou leurs quilles ne compromettent vos jambes. Souriez à leurs ébats, à leur joyeuse insouciance, prêchez l'indulgence ; excusez la vivacité du jeune âge en présence de parens grondeurs, qui ne demandent pas mieux qu'on trouve leur postérité charmante.

Art. 6. Si vous avez une façon de déclaration à risquer, choisissez le moment de la promenade, mais ne brusquez pas le tendre aveu. Attendez que le grand air ait un peu calmé l'effervescence de votre amour, combinée avec la chaleur du vin de Champagne; car, sans cela, une déclaration pourrait n'être ni très-claire, ni bien comprise.

Art. 7. En général, quand on se promène, il ne faut pas oublier que c'est une distraction : ainsi, le sujet de la conversation ne doit pas être trop grave ni le style trop prétentieux. Tâchez donc de ne pas exiger de votre interlocuteur une attention soutenue; qu'il saisisse facilement et vite le sens de vos paroles, et faites en sorte que vos phrases n'excèdent pas la longueur de trois pas ou de deux toises.

CHAPITRE VII.

LE JEU.

Art. 1ᵉʳ. Gardez-vous de croire que le jeu, si accrédité dans les salons du grand monde, dispense de parler, et que la préoccupation qu'il exige fasse une loi du silence.

Art. 2. Si vous n'osez courir les chances de l'Écarté ou du Boston, si vous tremblez pour votre bourse, exilez-vous du champ de bataille, car le rôle de spectateur désintéressé vous vaudrait la réputation d'un citoyen très-intéressé : cela équivaut à un brevet de ladre ou d'avare en bonne et due forme.

Art. 3. Une fois déterminé à ne pas manier les cartes, dérobez-vous aux invitations qui ne manqueraient pas de vous importuner, en entamant, au fond du salon, une conversation politique, philosophique ou littéraire, ou tout autre essentiellement étrangère à l'as de trèfle et au valet de carreau.

Art. 4. A défaut d'un interlocuteur capable de vous comprendre, prenez un sot, qui vous écoutera toujours avec plaisir, persuadé que vous avez une haute opinion de lui. Faites à la fois la demande et la réponse, si cela est nécessaire ; prodiguez les gestes animés, les exclamations véhémentes, les grands mots : alors on ne s'avisera pas de vous aller chercher pour vous placer devant le fatal tapis vert.

Art. 5. Dès qu'on s'est assis à la table de jeu, on doit faire une ostensible abnégation d'intérêt humain, c'est-à-dire paraître tout-à-fait insensible à la perte ou au gain ; essuyer l'une, accepter l'autre avec une physionomie impassible, sans qu'ils dérangent en rien le cours de la conversation.

Art. 6. L'art de dérouter l'observateur qui vous étudie dans ce moment critique où les plus forts viennent faillir, c'est de parler sur toute sorte de sujets étrangers à la circonstance présente; d'adresser à l'un un compliment, à l'autre une consolation; enfin, de sauter à pieds joints sur les transitions.

Art. 7. Il n'est pas rigoureusement nécessaire de rire et de plaisanter lorsqu'on a perdu son argent; mais il faut afficher tout juste assez de bonne humeur pour qu'on ne vous trouve pas absolument dénué de philosophie.

Art. 8. Quand le flux et reflux du salon vous place par hasard devant la personne qui a empoché légalement vos écus, n'ayez pas l'air de vouloir l'éviter. Surtout ne lui parlez pas de son gain, de son bonheur au jeu, vous paraîtriez dire un adieu sentimental à vos pièces de cinq francs.

Titre quatrième.

LES VISITES.

CHAPITRE PREMIER.

L'AUDIENCE.

Art. 1ᵉʳ. Il ne faut jamais oublier que lorsqu'on a demandé une audience, c'est afin d'être entendu, et alors, une fois la faveur insigne obtenue, on doit se mettre en mesure d'en profiter.

Art. 2. Une chose à laquelle on ne saurait trop faire attention, c'est la connaissance du caractère, des goûts et des habitudes du monseigneur qui daigne vous recevoir dans son cabinet : tâchez donc, avant d'y être introduit, d'être initié aux mystères de l'Excellence, considérée sous le rapport moral, afin d'éviter les dangers du contre-sens.

Art. 3. Si des renseignemens certains vous ont appris que l'Excellence, toujours grave et sérieuse, ne descend jamais des hauteurs de la morgue ministérielle, n'employez jamais avec elle d'expression bourgeoise ou commune ; que tous vos mots soient empruntés du vocabulaire poétique et oratoire; faites des phrases à longues périodes; et, comme Pindare qui tirait si bon parti des digressions, fuyez comme un écueil la simplicité vulgaire; enfin ayez soin que votre compliment ait l'allure d'un panégyrique et la gravité d'un éloge d'académie. L'Excellence ne s'avisera pas de regarder à sa pendule avant que vous ayez fini.

Art. 4. Avez-vous à vous présenter devant un personnage qui croit qu'une aimable bonhomie n'est pas incompatible avec de hautes fonctions, et qu'on peut être ministre sans affectation ridicule et sans impertinente emphase, n'oubliez pas les règles de la politesse, et remplissez-en tous les devoirs; mais dépouillez-la, autant que faire se pourra, des formules inutiles, des superfluités monotones, et allez droit au but de votre audience en entrant en matière; témoignez par les paroles brèves d'une exposition claire et méthodique, que vous connaissez le prix du temps, et que vous ne vous adressez qu'à la justice de l'Excellence: alors vous la verrez sourire à votre demande; et il faudra que vous ayez bien peu de droits ou que des obstacles insurmontables s'opposent à vos vues, pour que vous ne sortiez pas satisfait de l'audience ministérielle.

ART. 5. On ne doit jamais oublier qu'une audience, quelle qu'elle soit, ne peut durer plus de dix minutes; et, pour ne pas paraître indiscret, ou pour que le ministre ne vous mette pas poliment à la porte, ce serait une très-utile précaution de faire son discours d'avance; on l'improvise ensuite devant le ministre: de cette manière on ne risque pas de ne savoir ce qu'on doit dire; ce qui est assez l'habitude de MM. les solliciteurs.

CHAPITRE II.

LES PROTECTEURS.

Art. 1ᵉʳ. Un protecteur a toutes les qualités, tous les talens sans exception : l'idée de la perfection est inséparable d'un homme en place qui a des bontés pour vous, sauf à faire ensuite quelques restrictions, mais quand vous aurez obtenu ce que vous vouliez.

Art. 2. Ne ménagez pas avec un protecteur les formules de l'*humilissime* politesse : *oserai-je? puis-je espérer? daignerez-vous? serai-je assez heureux?* et autres expressions honnêtes qu'inspirent les circonstances.

Art. 3. Qu'un sourire aimable erre sur vos lèvres dès que vous serez en présence du dieu : s'il daigne vous accorder quelques paroles, soyez tout yeux, tout oreilles, pour recueillir les célestes oracles.

Art. 4. Gardez-vous d'interrompre l'arbitre de votre destinée par d'indiscrètes objections, attendu qu'un protecteur n'a jamais tort.

Art. 5. Si par hasard il se trouve engagé dans une discussion, prenez-y part adroitement, et soyez toujours de l'avis de votre Mécène. Prêtez-lui main-forte, fournissez-lui des argumens *ad rem* ou *ad hominem*, et que tout cela ait tout-à-fait l'air désintéressé.

Art. 6. Ayez soin de rappeler souvent dans vos entretiens avec votre protecteur, ses propres expressions, en vous servant du protocole : *Ainsi que vous me faisiez l'honneur de me le dire;* ou : *comme vous le disiez si bien;* ou : *vos paroles m'ont vivement frappé;* ou : *je ne pourrais mieux exprimer ma pensée qu'en me servant*, etc., etc. Il peut se faire que le mot et la phrase du protecteur n'aient pas le sens commun, ou soient même quelque gros barbarisme; mais cela ne fait rien à l'affaire, et il ne faut pas y regarder de si près.

CHAPITRE III.

LA VISITE DE DIGESTION.

ART. 1ᵉʳ. L'OUBLI d'un dîner est une grosse faute de français.

Art. 2. Si vous avez été bien traité, et surtout si vous tenez à faire plus ample connaissance avec la table et la cave de l'amphitryon, ne manquez pas d'aller lui faire visite dans la huitaine, et parlez-lui beaucoup de l'amabilité des convives que vous avez rencontrés chez lui, des grâces de *madame*, s'il en a une, et rejetez toujours à la fin le chapitre du Champagne et du Bourgogne.

Art. 3. Avez-vous fait un mauvais dîner, et craignez-vous d'être pris une seconde fois au piége, faites un panégyrique en *résumé* ou en abrégé, et dérobez-vous à une seconde invitation par une prompte fuite, motivée le plus honnêtement qu'il vous sera possible.

Art. 4. Si votre amphitryon est un gastronome, vantez son cuisinier, et surtout certain petit mets qui vous a paru exquis; livrez-vous sans crainte au plaisir de l'analyse de la jouissance, et saupoudrez le tout de quelques aphorismes de la science culinaire.

Art. 5. Une visite de digestion ne doit pas durer plus d'un quart-d'heure.

Art. 6. On peut alimenter la conversation par quelques questions adressées à l'amphitryon sur la nature et l'état de quelques convives avec lesquels on a eu l'honneur de dîner;

cela fournit au visiteur le moyen de laisser un peu respirer la reconnaissance de l'estomac, et il y gagne souvent d'utiles renseignemens pour une autre occasion.

Art. 7. Le salut d'adieu d'un visiteur doit être toujours accompagné d'un remercîment : c'est comme un *bon à valoir pour quittance.*

CHAPITRE IV.

LE JOUR DE L'AN.

Art. 1ᵉʳ. Une carte de visite déposée chez un portier ou chez un suisse est une politesse négative ; on peut l'adresser seulement à des supérieurs qui ne veulent pas vous recevoir, ou dont on n'a rien à attendre, à des gens qui ne vous intéressent guère, ou auxquels on n'a pas le temps de faire visite. Il y a quelques années encore, on pouvait se réclamer d'une carte déposée au premier de l'an; mais depuis qu'il y a des bureaux organisés pour le service de la civilité, une carte ne tire plus à conséquence.

Art. **2.** Quand la visite est seulement d'honnêteté et de devoir social, il ne faut jamais parler de *bonne année qu'on souhaite*, de *bonne année accompagnée de plusieurs autres*, des *vœux qu'on fait pour le bonheur*, etc; la visite qu'on fait comprend tout cela, et vous dispense des complimens, des embrassades, accolades, baisades et autres banalités bourgeoises.

Art. 3. Si vous vous trouvez avec des parens qui tiennent aux us, coutumes et traditions de nos pères, ne vous gênez pas ; accumulez les bénédictions, les vœux, les desirs, les souhaits; le tout à grand renfort de bruyans baisers. Ces bonnes gens seraient sur le point d'être étouffés, qu'ils ne crieraient pas encore merci.

Art. 4. Vous présentez-vous chez une femme jeune et jolie, chez une femme d'un âge mûr, chez une demoiselle, le même compliment peut servir à toutes les trois, si vous le faites rouler sur le temps qui semble les rajeunir, sur les grâces nouvelles dont l'espace d'une année les a enrichies. Le premier de l'an surtout, les femmes n'ont point d'âge.

Art. 5. Si vous offrez un cadeau, tâchez que votre compliment (car alors il est indispensable) fasse allusion à la nature de l'objet que vous donnez: la chose est facile, parce qu'on peut faire son compliment avant l'achat, et choisir le cadeau qui prête le plus à l'allégorie; mais il ne faut pas oublier qu'elle *habite un palais diaphane*, c'est-à-dire qu'il faut qu'elle soit claire.

Art. 6. Il ne faut pas perdre de vue

qu'au premier de l'an, les minutes, les secondes sont comptées, et qu'ainsi, en prolongeant sa visite, non-seulement on gênerait la personne qui vous reçoit, mais aussi qu'on donnerait de soi-même une fausse idée : car l'essentiel est de paraître très-affairé, très-occupé, d'avoir beaucoup de visites à rendre.

Art. 7. On ne doit jamais accepter d'invitation à dîner dans ce jour solennel, à moins que ce ne soit chez un ami intime, sur la discrétion duquel on peut compter ; autrement on vous prendrait pour un parasite dans l'embarras, ou pour un visiteur affamé.

CHAPITRE V.

LA FÊTE.

Art. 1ᵉʳ. Une fête doit être considérée sous le rapport de la parenté, de l'intérêt ou de l'amitié.

Art. 2. Soyez simple, et, comme on dit, sans façon avec vos parens; toutefois, observez les convenances de l'âge, des manières, de l'état, et ne prodiguez pas sans choix et sans réflexion vos félicitations et vos madrigaux.

Art. 3. Ne mettez jamais sur le tapis le patron ou la patronne du lieu, à moins que vous ne vous lanciez dans la chanson à trois couplets, et que le nom du saint ou de la sainte ne soit une excellente rime pour votre refrain.

Art. 4. Évitez les comparaisons vertueuses, les oppositions morales tirées du martyrologe ou du calendrier.

Art. 5. Si c'est une dame que vous avez à fêter, ne vous faites pas faute de paroles galantes; si c'est une mère de famille, félicitez-la sur l'amabilité, sur la précocité de ses enfans, et prouvez méthodiquement qu'ils ressemblent à leur mère.

Art. 6. Quand votre devoir ou

votre intérêt vous appellent à la fête d'un de ces gros bourgeois, dont la grosse gaîté vous met à l'aise, allez tout de suite au fait sans préambule. Après l'embrassade, tâchez de faire un calembour ou une pointe, et vous serez fêté à votre tour, choyé, caressé; et avant le quatrième calembour, il est possible que le papa vous jette à la tête sa fille avec dix ou douze mille livres de rente.

Art. 7. N'abandonnez pas à la bouquetière le soin de composer le bouquet que vous avez à offrir; guidez-la dans le choix des fleurs qui ont leur langage, et que vous pourrez charger de faire l'avant-propos de votre compliment.

CHAPITRE VI.

LE RENDEZ-VOUS D'AFFAIRE.

Art. 1er. Ne vous faites jamais attendre à un rendez-vous d'affaire, pas plus qu'à un dîné, quand vous avez donné votre parole de vous y trouver. On ne compose ni avec la soupe ni avec les intérêts.

Art. 2. Si par hasard un obstacle imprévu, insurmontable, vous a empêché d'être exact, tâchez de vous excuser de votre mieux, sinon vous courez le risque de ne pas trouver des auditeurs accommodans.

Art. 3. Que vos excuses soient accompagnées d'une espèce d'agitation qui annonce l'homme qui est hors d'haleine, à qui la crainte des reproches a donné des ailes ; ayez votre mouchoir à la main, et essuyez-vous le front de temps en temps : le mouchoir est, en pareille circonstance, un excellent avocat.

Art. 4. Songez que jamais les affaires ne se font avec des plaisanteries ; restez constamment froid, grave et sérieux, jusqu'à l'arrangement définitif inclusivement.

Art. 5. En affaire, discutez, mais ne pérorez jamais.

Art. 6. Évitez d'offenser l'amour-propre, de heurter de front les passions de la partie adverse; ménagez la susceptibilité de vos antagonistes; que vos reparties soient exemptes de fiel et d'aigreur; rappelez-vous l'adage : on ne prend pas les mouches avec du vinaigre.

Art. 7. Invoquez souvent la bonne foi, l'honneur, la justice, qu'il est bon de rappeler souvent; tant de gens ne demandent pas mieux que d'en nier l'existence!

Art. 8. Quand vous êtes parvenu à votre but, quand vous n'avez plus rien à desirer, alors vous pouvez adoucir la sévérité de votre front et vous permettre l'aimable sourire: une plaisanterie, un mot spirituel, peuvent trouver une place convenable à la fin d'un rendez-vous d'affaire. Quand des plaideurs ont ri entre eux, ils sont bien près de se réconcilier.

CHAPITRE VII.

LE RENDEZ-VOUS D'AMOUR.

ART. 1er. QUEL que soit l'objet de votre tendresse, tâchez que votre montre ou que votre pendule aillent comme l'horloge du Louvre.

Art. **2**. Une minute, une seconde de retard, peuvent vous coûter un siècle de regrets, une éternité de martyre.

Art. **3**. Si le rendez-vous a été donné en plein vent, si vous avez eu long-temps à braver l'intempérie de la saison, les rigueurs du froid, dans une rue comme la rue Meslay, par exemple, où tant d'amans grelottent en attendant leurs belles, évitez, en abordant l'objet aimé, de parler de vos souffrances, de secouer votre manteau, de souffler dans vos doigts: l'amour est censé n'être jamais mouillé, n'avoir jamais froid.

Art. **4**. Avec une grisette, une

couturière, une fleuriste ou la femme d'un employé de l'octroi, proposez d'abord à déjeûner ou à dîner ; car ces dames ont l'heureux privilége d'être très-*appétissantes* et d'avoir beaucoup d'appétit.

Art. 5. Une fois la proposition acceptée, alors commencez votre déclaration de sentimens ; vantez votre tendresse, votre constance, et dites surtout que c'est la première fois que vous aimez.

Art. 6. Les grandes phrases de roman, les soupirs étouffés, les *hélas!* et les *ouf!* enfin toutes les exclamations de sensibilité sont une monnaie courante dont on ne saurait être trop prodigue.

Art. 7. Si votre amour s'élève au-dessus de la roture, et s'adresse à quelque beauté aristocratique, flattez sa vanité nobiliaire, vantez ses aïeux, ses armoiries, avant d'en venir à elle-même, et tenez-vous pour honoré de la faveur insigne qu'on vous accorde, en daignant entendre le respectueux aveu de votre respectueuse flamme. Dites aussi beaucoup de mal, moquez-vous des prétentions des ridicules bourgeoises : que ce soit le texte obligé de vos plaisanteries.

Art. 8. En général, il faut, pour plaire aux femmes, à quelque condition qu'elles appartiennent, caresser leur amour-propre, n'employer avec elles que des expressions d'une politesse étudiée, ne jamais manquer envers elles aux égards et aux convenances, enfin être très-fidèle aux lois de la galanterie : hors de là il n'y a point de salut.

Titre cinquième.

LES EXCEPTIONS OU LES HASARDS.

CHAPITRE PREMIER.

LES DILIGENCES.

ART. 1ᵉʳ Quand on est monté dans une diligence, il faut se considérer comme dans une espèce de salon à quatre roues, et agir conformément aux règles que la politesse prescrit. La notable différence qui existe cependant entre un salon ordinaire et une diligence, c'est que dans l'un il n'est pas permis de fermer les yeux, et qu'on peut dormir dans l'autre.

Art. 2. Avant de vous engager dans une causerie générale ou particulière, levez le plan moral de la société qui vous entoure, observez les physionomies, écoutez les mots échangés entre les assistans, et tâchez de connaître, d'après la prononciation, quel est le pays de vos compagnons de voyage.

Art. 3. Attendez qu'on vous interroge, parce qu'il serait possible qu'en risquant une question, elle s'adressât tout juste à une personne qui ne se soucierait pas de vous répondre.

Art. 4. Si, lassé d'un long silence, vous voulez enfin le rompre, profitez d'un cahot qui vous aura fait donner un baiser involontaire à une nourrice ou à un marchand de bœufs, pour commencer l'œuvre de l'entretien par une plaisanterie sur les voitures mal suspendues, sur les mauvais chemins, etc., etc. Avec cela vous passerez nécessairement à des récits tragiques de voitures renversées, de cuisses cassées, de têtes brisées, et d'autres accidens arrivés à vos amis et connaissances.

Art. 5. Dès que vous entrez dans une petite ville, rappelez les souvenirs historiques qui s'y rattachent. Passez-vous près d'un site pittoresque et romantique, appelez sur ses beautés sur ses charmes, l'attention de vos voisins : on accueillera avec intérêt vos excursions dans le genre descriptif.

Art. 6. Si vous traversez une forêt, et qu'il y ait des dames *comme il faut* dans la voiture, gardez-vous des récits des histoires de voleurs, des arrestations de diligences : on vous prendrait pour un poltron, ou pour un niais, ou pour un lecteur d'*Anas*, ou pour l'ami intime d'un gendarme.

Art. 7. Evitez les confidences commerciales d'un marchand qui *va en foire*, les exploits d'un sergent ou d'un sous-lieutenant qui va en semestre, les dissertations d'un membre de société d'agriculture.

Art. 8. Prenez garde de jouer imprudemment le rôle de mystificateur avec un provincial qui se laissera peut-être tranquillement berner jusqu'à la descente de la voiture inclusivement, mais qui, après avoir franchi le marchepied, pourra bien vous donner un vigoureux soufflet et ensuite un bon coup d'épée. Cela est arrivé assez souvent.

Art. 9. Plaisantez donc adroitement avec un voisin qui vous semblera d'une humeur gaie et joviale; mais n'immolez pas un niais à la risée publique, avec une cruauté qui serait lâche, puisque vous abuseriez de vos avantages : profitez donc doucement de la naïveté de l'homme en qui vous aurez reconnu les caractères du véritable Jobard. Amusez-vous, mais n'offensez pas.

Art. 10. On ne saurait trop recommander aux personnes qui voyagent en diligence de lire et de relire l'Almanach royal et l'Almanach du commerce. Quand on connaît bien ces deux livres, on peut être sûr de se trouver partout en pays de connaissance.

CHAPITRE II.

LES OMNIBUS ET LES DAMES-BLANCHES.

Art. 1er. Si un voisin ou une voisine vous demande la signification du mot *omnibus*, faites comme si vous l'ignoriez ; si une autre personne plus complaisante s'avise de répondre pour vous par un contre-sens ou par une bêtise, gardez-vous de la contredire, quand même elle soutiendrait qu'*omnibus* est un mot grec : oubliez en ce moment votre latin, et n'allez pas entreprendre une dissertation sur le rudiment.

Art. 2. Quand par hasard vous rencontrez dans une *omnibus* ou dans une *dame-blanche* une connaissance, ou un ami placé loin de vous sur la rude banquette, contentez-vous de la saluer, et abstenez-vous de toute espèce d'allocution pour les menus-plaisirs de l'honorable assistance.

Art. 3. Avez-vous devant vous ou à côté de vous un de ces personnages familiers qui croient que, moyennant la somme de cinq sous, ils peuvent fraterniser avec tous les voyageurs, opposez-lui un front sévère et soucieux ; faites semblant de ne pas croire qu'il s'adresse à vous, et répondez-lui en détournant la tête ou en prenant une prise de tabac : il vous croira distrait ou sourd; et quand même il vous tiendrait pour malhonnête, cela ne peut vous nuire.

Art. 4. Ne parlez ni des affaires de l'Etat, ni de la religion, ni des ministres, ni de la malpropreté des rues de Paris, ni des devoirs des fonctionnaires publics, parce qu'une *omnibus* est considérée comme un endroit public, et que vous pourriez bien vous attirer de fâcheuses affaires avec MM. tels et tels.

Art. 5. Quand vous entendrez deux particuliers placés vis-à-vis l'un de l'autre lancer de violentes philippiques contre l'arbitraire, et faire, pour ainsi dire, assaut de patriotisme, défiez-vous de ces orateurs qui ne parlent tant que pour vous faire parler : ils dînent du procès-verbal et soupent de la dénonciation.

Art. 6. Attendu que le voyage que l'on fait en *omnibus* et en *dames-blanches* est très-court, le plus sage parti à prendre pour les personnes qui n'ont pas encore beaucoup d'expérience, est de ne pas desserrer les dents.

CHAPITRE III.

LES RENCONTRES.

Art. 1er. Il ne faut parler dans la rue qu'aux personnes qu'on connaît bien, et encore est-il nécessaire d'observer si leurs affaires leur permettent de s'arrêter un moment avec vous.

Art. 2. On peut juger si une personne est d'humeur à échanger quelques mots, à son air, à sa marche, à sa manière de saluer. Si elle passe rapidement, en soulevant à demi son chapeau et en vous adressant un bonjour bref et concis, ajournez votre entretien, et gardez votre compliment pour une meilleure occasion.

Art. 3. Si vous rencontrez une demoiselle seule, contentez-vous d'un salut respectueux ; *idem*, à l'égard d'une dame, à moins que vous n'ayez quelque motif honnête ou quelque prétexte plausible pour vous arrêter et suspendre votre marche. Alors, abordez, chapeau bas, l'air respectueux, et dites tout ce que la politesse et votre goût peuvent vous suggérer sur le bonheur de la rencontre.

Art. 4. Le hasard amène-t-il devant vous un homme à qui vous avez des obligations ou à qui vous voudriez en avoir, ne craignez pas de lui parler; placez vos remercîmens ou une supplique entre une félicitation et un hommage; mais que le tout soit fait le plus succinctement possible, et terminé par des excuses sur la liberté grande, sur l'extrême licence du très-humble et très-obéissant serviteur.

Art. 5. Si votre tailleur ou votre bottier, ou quelqu'autre fournisseur s'avisent de vouloir stationner avec vous sur la voie publique, prévenez-les de loin, esquivez-les ; si vous êtes surpris dans les fourches caudines des offres industrielles, dites au bottier, au tailleur : « *Bonjour ! bonjour ! passez chez moi.... nous parlerons* , etc., et disparaissez, parce qu'autrement, si vous étiez vu en pareille compagnie, fort honnête d'ailleurs, vous sembleriez débattre un compte et discuter un ancien mémoire.

Art. 6. Rencontrez-vous un provincial nouvellement débarqué, évitez par votre air affairé les digressions sur les merveilles de la capitale et les longues phrases flanquées d'exclamations admiratives; dites-lui que vous êtes désespéré de ne pouvoir vous arrêter plus long-temps avec lui; donnez-lui votre adresse au faubourg St.-Honoré, si vous demeurez au faubourg St.-Germain, ou plutôt dites que vous vous embarquez pour l'Amérique par le prochain paquebot, et courez encore.

CHAPITRE IV.

LES CRÉANCIERS.

Article unique. Lisez et relisez la scène troisième du 4ᵉ acte du *Festin de Pierre*, comédie en cinq actes et en prose, par M. Poquelin de Molière; vous y verrez comment on doit parler à des créanciers; le dialogue entre don Juan et M. Dimanche vous fournira d'excellentes leçons pour toutes les situations critiques dans lesquelles peut se trouver un débiteur qui n'a pas d'argent, et qui veut poliment se débarrasser d'exigences importunes. Si les vers se gravent plus facilement dans votre mémoire, vous trouverez la même scène très-bien versifiée par M. Thomas Corneille, frère de l'auteur du *Cid*.

CHAPITRE V.

LE THÉATRE.

Art. 1er. A quelque théâtre que vous vous trouviez, quelle que soit la place que vous occupiez, au Théâtre-Français comme au Cirque-Olympique, à l'Opéra comme au Vaudeville, ne vous chargez pas d'être le mentor ou le cicérone de votre voisin ou de votre voisine pour les noms des acteurs, actrices, danseurs ou danseuses, chevaux ou jumens chargés des rôles principaux.

Art. 2. Ne hasardez de discussion

littéraire que dans l'entre-acte, et qu'avec une personne qui vous paraîtra avoir quelque connaissance et quelques idées en littérature dramatique.

Art. 3. N'analysez jamais un vaudeville, un mélodrame ou un mimodrame; abandonnez la critique de ces pièces de fabrique aux courtauds de boutique, aux habitués d'estaminet, aux garçons épiciers, et aux petits clercs de notaires, d'avoués et d'huissiers.

Art. 4. Si vous entendez une bêtise bien grosse, bien ronflante au Cirque, à la Gaîté ou à l'Ambigu-Comique, un couplet militaire au théâtre de la rue de Chartres, ou une niaiserie musquée à la parfumerie dramatique de M. Poirson, directeur du Gymnase, restez muet, impassible; si par hasard vous êtes trop fatigué de l'admiration d'un voisin imbécile, et des pâmoisons d'un enthousiaste burlesque, contentez-vous de hausser les épaules.

Art. 5. Quand il s'agit d'une pièce du Théâtre-Français ou d'un grand opéra, attendez la fin de la représentation pour juger l'œuvre du démon; que votre critique soit faite avec mesure, de manière à ne pas être entendue de tous vos voisins, et à ne pas choquer les opinions qui pourraient différer de la vôtre.

Art. 6. Evitez les façons ridicules,

les raisons impertinentes des Beaufils du jour : *C'est mauvais! C'est détestable! C'est admirable! C'est sublime! Rococo! Absurde! Perruque!* et autres gentillesses de ce genre, qui ne prouvent que beaucoup d'ignorance et de fatuité chez les aimables fashionables de Paris et de la banlieue.

APPLICATIONS.

Le Répertoire.

Un capitaliste dit : Mes fonds à la banque, ou ma rente de Naples, ou mon cinq pour cent ; un propriétaire dit : Ma maison de la rue Vivienne ou Saint-Honoré ; un marchand dit : Mon établissement ; une jolie femme dit : Mon cachemire. Chacun de ces mots a une valeur représentative de la fortune de la personne qui l'emploie. Mais Naples peut fort bien ne pas envoyer, à l'époque convenue, les intérêts de l'emprunt à MM. Roschild frères ; la maison de la rue Vivienne peut, de son côté, brûler malgré les pompiers; l'établissement du boutiquier n'est pas à l'abri des chances du commerce, et le cachemire de la jolie femme est soumis également à ces révolutions fatales, qui envoient le plus souvent les cachemires au grand magasin de la rue des Blancs-Manteaux. Heureux le comédien qui peut dire: Mon répertoire!

Est-ce une propriété mobilière ou immobilière? va s'écrier certain lecteur, grand partisan du positif; peut-on l'escompter, le vendre, l'aliéner, ce répertoire? est-ce une valeur qui a cours à la Bourse? Le répertoire d'un comédien est la liste des rôles qu'il sait, qu'il peut jouer, qui sont gravés dans sa mémoire, et dont toutes les traditions lui sont depuis longtemps familières. On ne sait pas au juste le poids de la valise de Bias, qui portait tout avec lui; et, si léger qu'on le suppose, il ne saurait l'avoir été autant que le répertoire d'un comédien. Celui-ci est renfermé dans sa mémoire, et, quelque nombreux qu'il soit, il ne gêne jamais le porteur du bagage dramatique. Il brave les douanes et les douaniers de tous les pays; transporté sans frais du nord au midi, de l'est à l'ouest, il ne paye ni redevance, ni droit au budget. Avec son répertoire bien fourni, un comédien trouve à vivre partout, lève des contributions sur la curiosité publique, débite cinq ou six cents vers ou cent cinquante lignes de prose, on chante quelques airs d'opéras comiques ; puis va plus loin, sur un théâtre ou dans une grange, continuer l'exercice de son talent dramatique.

Rien de plus triste que la position d'un comédien qui n'a pas de répertoire, ou dont le répertoire se réduit à un petit nombre de rôles. Tel acteur ou telle actrice qui jouit d'une certaine réputation, ne joue que deux ou trois rôles; mais le public est bientôt las d'admirer, quand il voit toujours la même chose, et il aimerait mieux voir du nouveau médiocre ou même mauvais, que du vieux, même lorsqu'il serait sublime; c'est l'histoire du monde en général. Si du théâtre réel nous passons à celui de la société, nous trouverons la même exigence et les mêmes accidens, à quelques exceptions près. Il y a des gens qui possèdent trois ou quatre anecdotes plaisantes, quelques saillies qu'ils improvisent, sans changemens et sans corrections, depuis vingt ans, dans le même salon: ceux-là sont les comédiens presque sans répertoire. D'autres se contentent du rôle de muets, parce qu'ils n'ont rien à dire, et généralement on les préfère aux premiers. Mais voyez avec quelle attention on écoute cet homme qui vient de commencer un récit! on rit d'avance de ce qu'il va dire; on admire par anticipation les paroles qui vont sortir de sa bouche: cet homme a un répertoire nombreux et varié. Il a dans sa mémoire des amusemens et des joies pour toutes les espèces de public auxquelles il peut avoir affaire; il a dans son esprit des ressources pour chaque rencontre; jamais il n'est au dépourvu, et il acquitte sans retard toutes les lettres de change que la société peut tirer sur lui. C'est un homme riche de faits, de souvenirs, d'histoires, de chroniques; il a dévoré quinze ou vingt mille volumes, assisté aux représentations remarquables; il sait l'histoire scandaleuse de la cour et de la ville, de l'aristocratie comme de la classe bourgeoise; enfin, il a un répertoire.

Affaire de mémoire, dira-t-on. Soit; mais enfin il faut apprendre pour savoir. Demandez à cet académicien qui remplit si bien son fauteuil au palais ci-devant des Quatre-Nations, comment il a obtenu sa réputation colossale? Est-ce en jouant au billard ou à un autre jeu, que toute sa science, qu'il escompte en quarante bonnes mille livres de rente, est venue se loger dans son cerveau? Il a étudié pour faire des livres, où il a traduit ses souvenirs, digéré à sa manière son instruction. Un homme du monde doit apprendre, étudier aussi, non pour faire des livres, mais pour rendre sa conversation agréable, spirituelle, amusante. C'est aussi un dépôt qu'il transmet religieusement à la société; et il ne serait pas difficile de prouver qu'entre un savant en *us* et un homme aimable, il n'y a, comme on dit, que la main.

Les Avant-Propos ou Préfaces.

Un auteur qui lance un ouvrage dans le monde, fût-ce une brochure d'une demi-feuille, ou un in-trente-deux de six pages, ne manque jamais de dire au public, dans une très-humble préface, qu'il est très-modeste, et que son œuvre ne vaut rien ou pas grand'chose. C'est une façon de supplique pour conjurer la critique ou les préventions. Mais pour ceux qui comprennent la langue de MM. les écrivains grands ou petits, cela peut se traduire ainsi : « J'ai beaucoup de talent; et si le public n'est pas d'accord avec moi sur ce point, le public est un sot. » Les préfaces ou avant-propos datent, je crois, du temps où un écrivain s'avisa, pour la première fois, de mettre ses contemporains dans la confidence de son esprit et de ses observations. A quelle époque précise faut-il faire remonter l'origine des préfaces? Est-elle antédiluvienne ou postdiluvienne? Nous soumettrons cette question à l'Académie des inscriptions et belles-lettres, dans l'espoir qu'elle en fera le sujet d'un de ses plus prochains concours.

Le système si commode des préfaces a passé des livres dans la conversation : adopté par la fausse modestie, qui sait avec adresse le faire servir à ses succès de société, il est devenu, entre les mains de la sottise importante et prétentieuse, un ridicule de plus pour elle, en la rendant encore plus insupportable.

C'était le bon temps, en comparaison du nôtre, que celui où un sot l'était sans préambule; il ne demandait pas, pour ainsi dire, audience à son public, et celui-ci n'était pas condamné à l'entendre, sous peine de manquer aux lois de la politesse ou aux convenances. Aujourd'hui c'est bien différent : comment ne pas écouter un homme qui vous dit d'abord : « Silence, je vous prie, car je vais vous conter une chose qui vous paraîtra sans doute bien surprenante....; » ou bien : « Oh! vous allez rire, apprêtez toute votre gaîté, donnez-moi toute votre attention? » Le tout accompagné d'un gros rire qu'il semble donner pour modèle aux martyrs de sa loquacité.

Gardez-vous de ces gens qui promettent tant à leurs auditeurs; ils ne sont point en mesure d'acquitter leurs promesses : fuyez-les, prenez votre chapeau dès que vous entendrez le fatal avant-propos, car ils vous feraient un mauvais parti, si vous n'étiez pas d'humeur à rire ou à admirer. Ces messieurs sont très-susceptibles sur le chapitre de la narration; il faut bon gré malgré que vous y trouviez du Tite-Live ou du Scarron. Que si vous vous avisez vous-même de hasarder quelque récit, de risquer une anecdote, ne croyez pas que leur indulgence vous dédommagera de celle que vous aurez pu complaisamment leur témoigner. Prodiguez les saillies, les traits spirituels, ils iront tous mourir dans l'oreille dédaigneuse du sot que vous aurez épargné; trop heureux s'il ne hausse pas les épaules, et n'engage pas une discussion dans les formes, pour prouver que vous n'avez pas le sens commun.

Tous les faiseurs d'avant-propos ou de préfaces se ressemblent, soit qu'ils écrivent, soit qu'ils parlent; c'est toujours la même pensée orgueilleuse qui leur dicte leurs requêtes à très-haut, très-puissant et très-excellent seigneur, monseigneur le public. On vante ses qualités, ses vertus, ses lumières, afin qu'il accorde au moins du génie; ce n'est pas de la justice qu'on lui demande, c'est de la reconnaissance pure et simple. Ainsi va le monde. Auteurs, censeurs, sots, hommes d'esprit, tous flattent le public, qu'ils tâchent de duper à qui mieux mieux. Comment pourrait-il ne pas tomber dans les pièges dont il est environné de toutes parts? La conspiration contre lui, contre sa bonne foi, est universelle et flagrante. Il se laisse imposer des opinions erronées; il élève lui-même de fausses idoles et place la médiocrité sur le piédestal d'une gloire éphémère, tandis que le vrai mérite languit souvent obscur et malheureux. Mais enfin le jour de la justice arrive, la vérité reprend ses droits, et les beaux-esprits de littérature, comme de salon, retombent dans l'oubli, malgré l'art des avant-propos et des préfaces.

Les Paradoxes.

L'auteur du poëme *des Saisons*, le marquis de Saint-Lambert, présenta un jour à la célèbre madame Geoffrin, qui réunissait chez elle l'élite des gens de lettres de son temps, un savant estimable, connu par plusieurs bons ouvrages d'économie politique. Mad. Geoffrin le reçut très-bien, comme elle recevait toujours, et d'ailleurs, la recommandation du marquis de Saint-Lambert était toute puissante auprès d'elle. Le protégé du poëte fut pendant environ trois mois exact aux réunions ; personne ne se plaignait de sa présence, car il avait tout à la fois beaucoup d'instruction et de goût. Enfin, un jour, lorsqu'il se rendait au salon, selon la coutume, un domestique l'arrête et lui dit très-gravement: Madame ne peut vous recevoir. — Quoi! est-ce qu'elle est sortie? mais je viens de voir entrer Morellet, Thomas.... Tenez, voilà à la fenêtre l'abbé Delille qui fredonne un air d'opéra.... — Madame ne peut vous recevoir. — Mon Dieu! serait-elle malade?.... Mais non, j'entends le gros rire de Diderot; et si Mad. Geoffrin ne se portait pas bien... — Monsieur, je vous demande mille fois pardon, je n'ai qu'une chose à vous dire, c'est que Madame ne peut vous recevoir. » Notre économiste se rend enfin à cet argument irrésistible, salue le domestique, parce qu'un philosophe salue tout le monde, et se rend le lendemain chez son Mécène, pour lui rendre compte de l'accident de la veille. Il ne conçoit rien du tout à ce singulier accueil. Aurait-il fait quelque gaucherie? Se serait-il permis quelque propos indiscret ou inconvenant? L'économiste voudrait, mais en vain, se trouver coupable, afin de justifier la conduite de Mad. Geoffrin à son égard. Saint-Lambert l'écoute jusqu'au bout, en n'interrompant le plaidoyer prononcé avec chaleur que par ces mots : « Vous avez raison, mon ami, mille fois raison ! » Quand notre savant a cessé de parler, Saint-Lambert prend sur sa cheminée une lettre qu'il venait de décacheter, et la présente à son protégé, en l'invitant à la lire. Celui-ci fait quelques difficultés, expose ses scrupules; mais enfin il ouvre la lettre : elle est signée du nom de Mad. Geoffrin, et adressée au marquis de Saint-Lambert; en voici le contenu : « Je vous renvoie, mon cher marquis, votre savant M. B**; c'est un homme insupportable : il a toujours raison ! » Ce peu de mots éclairent tout à coup le savant, et Saint-Lambert lui fait un long sermon sur le danger d'avoir toujours raison, et sur la nécessité d'avoir tort quelquefois. Un homme qui ne hasarde aucune opinion, qui s'appuie toujours sur la méthode et sur la vérité, ne peut être que fort ennuyeux. Ainsi, que le savant change de système, et bientôt il pourra rentrer en grâce auprès de Mad. Geoffrin. M. B*** promit et tint parole: il devint un des hommes les plus amusans de la société dont il avait été proscrit d'une manière si brusque; et sa conversation, hérissée de paradoxes et de propositions singulières, lui valut des succès de plus d'un genre: il devint enfin un homme à la mode, sans renoncer pour cela à l'économie politique.

Le paradoxe, voilà ce qui anime, ce qui échauffe la société, qui lui donne, pour ainsi dire, la vie, en offrant à la conversation le moyen de retremper sa langueur dans le feu de la discussion. Il n'y a pas moyen d'obtenir, de conserver la réputation d'homme d'esprit sans le paradoxe. Le beau mérite d'être de l'avis de tout le monde; de répéter ce qu'on dit depuis Adam; d'être constamment en paix avec la logique ou la vraisemblance! Si vous êtes raisonnable, on dira que vous êtes commun; si vous êtes absurde, avec une sorte d'impertinence spirituelle, on applaudira à votre originalité, et les auditeurs les moins indulgens ne vous refuseront pas la hardiesse dans les opinions. C'est un triomphe complet qu'un semblable aveu arraché à la sévérité des juges.

Mais le paradoxe ne va qu'aux gens qui peuvent le soutenir, et qui ne s'épouvantent pas du brouhaha général; car il faut s'attendre à des combats, aux chances d'une lutte avec les préjugés, les préventions qu'il contrarie. Le paradoxe n'est qu'une balourdise ou une bévue, quand c'est un sot qui le jette au travers de la conversation; on ne se donne pas même la peine de relever le gant. A la facilité de l'élocution, au maniement adroit de l'épigramme, il faut joindre la force des poumons. Achille, défiant toute une armée et les dieux mêmes, donne une idée assez juste d'un chevalier du paradoxe, et de sa situation difficile en présence de toute une assemblée qu'il soulève contre lui. Achille pousse un cri, et les Troyens s'enfuient, dit Homère. Le paradoxe ne doit pas faire fuir, mais il doit retentir d'une manière terrible et bruyante; c'est le tonnerre de la conversation : il précède l'orage de la discussion, la tempête de la parole.

Fontenelle est célèbre par l'influence qu'il exerça sur son siècle comme homme d'esprit; il ne l'est pas moins par cette main qu'il n'aurait jamais ouverte s'il avait su qu'elle contînt quelque vérité. La vie de Fontenelle fut une continuelle application de ce principe; il se garda bien d'avoir raison, tant qu'il put fréquenter la société dont il était l'ornement: ce philosophe aimable fut, pendant toute sa vie, fidèle à la théorie du paradoxe; il lui devait en partie ses succès et son bonheur. Un poëte, son contemporain, et qui pensait comme lui, avait dit :

L'homme est de glace aux vérités ;
Il est de feu pour les mensonges.

Linguet, qui fit autrefois beaucoup parler de lui, et qui termina son existence sur l'échafaud, crut avoir imaginé un nouveau système d'histoire, en s'attachant à contredire dans quelques compilations certaines opinions accréditées. Si Linguet n'eût pas été un écrivain médiocre ; s'il eût mis plus de mesure dans sa controverse, il aurait réussi comme beaucoup d'autres historiens qui, bien avant lui, et dans son siècle même, avaient introduit dans l'histoire le scepticisme ou la contradiction. L'abbé Morellet s'avisa de faire un livre pour prouver que Linguet n'avait pas le sens commun ; cet abbé aurait dû écrire contre tout le monde, contre lui-même surtout, car il était lui-même un homme de beaucoup d'esprit, cité pour le charme de sa conversation, et il savait bien que dans le monde, hors du paradoxe, il n'y a point de salut: mais il fallait faire un livre, il fallait être de l'Académie, et voilà!

Les Lieux-Communs.

Que deviendraient les poëtes, les orateurs, les avocats, sans ces digressions inutiles, ces hors-d'œuvre qui viennent si bien au secours de l'imagination ou de la logique ou de l'éloquence en défaut? Maître Aristote et sa *docte cabale*, tous les rhéteurs, depuis Quintilien jusqu'à Le Batteux et consorts, accordent le droit de dire des lieux-communs; c'est-à-dire qu'ils permettent d'apprendre tout ce que le monde sait: mais leur indulgence ne va pas jusqu'à octroyer un brevet d'impunité, une sorte de blanc-seing pour la niaiserie et la sottise. Il est un art de prêter aux lieux-communs des couleurs neuves, de les embellir par des détails qui les rajeunissent pour ainsi dire; et le style, ce vêtement de la pensée, peut leur donner presque le cachet de l'originalité. Ainsi, dans un poëme épique, il faut absolument une tempête, une prosopopée, une invocation et une grande bataille; tout cela s'appelle lieux-communs; mais le talent, qui ne peut s'en passer, s'en sert habilement, de manière à ne pas ressembler entièrement à tous les prédécesseurs en épopée. Un avocat ne manque jamais de faire un exorde pour appeler l'intérêt sur son client; et surtout il invoque l'indulgence des juges en faveur de l'orateur qui le défend. Qu'il emploie un tour piquant, qu'il saisisse un rapprochement, qu'il s'empare d'un souvenir, et le lieu-commun deviendra une chance de plus pour le succès de la cause qu'il doit plaider. L'homme du monde, ou du moins celui qui aspire à ce titre et qui veut le mériter, n'a pas la faculté de dire des lieux-communs, parce que dans la société on ne veut pas juger le style; d'ailleurs, rien n'y paraîtrait plus fatigant qu'un discoureur dans le genre descriptif. Là, il faut surtout se garder des lieux-communs qui conviennent au poëte et à l'orateur. Mais il en est d'autres qui se représentent souvent et qu'on doit éviter avec le plus grand soin : tels sont les détails personnels sur son pays, sa naissance, ses tours d'écolier, ses combats, ses exploits et les travaux de sa profession. On ne pardonne pas même la gloire à un militaire, lorsqu'il raconte la journée où il a cueilli un beau laurier; à plus forte raison, un homme qui veut intéresser ses auditeurs aux bourgeoises révolutions de sa destinée, aux tribulations de sa vie, et qui appelle l'attention sur le clocher de son village, ou sur le berceau de son enfance, semble-t-il presque toujours souverainement ridicule.

Malheureusement la société abonde en gens de cette espèce; leur défaut tient moins encore au peu d'usage qu'ils ont du monde qu'à l'égoïsme et à l'amour-propre : ils s'imaginent être d'importans personnages ; quand ils parlent de leur *endroit*, c'est pour laisser tomber sur leur cher pays un rayon de leur gloire personnelle. Ne doit-il pas être, en effet, très-fier d'avoir produit un homme qui exerce avec tant de distinction la profession d'huissier, ou qui, depuis vingt-cinq ans, paye plus de trois cents francs d'impositions? Cet avoué ne conçoit pas que, lorsqu'il ouvre la bouche, toutes les oreilles ne soient pas dressées pour l'entendre; il va raconter les affaires de saisie immobilière dont il est chargé, les demandes en licitation qu'il va porter par-devant le tribunal; il faut connaître les noms de tous ses nombreux et illustres cliens. Ce petit homme à lunettes s'agite dans tous les sens, parle à tort et à travers. Mes pièces, mon répertoire, mon vaudeville, ma comédie reçue au Théâtre-Français, tels sont les phrases qu'il répète à chaque instant; heureux quand il ne vous force pas à entendre l'analyse de la parodie qu'il médite ou du couplet de facture qu'il doit ajouter à son vaudeville en répétition dans la rue de Chartres!

L'homme de bourse qui témoigne tant d'impatience au récit du petit auteur attend son tour pour commencer l'histoire d'une grande opération commerciale; il ne voit rien de plus important pour le monde que la nouvelle d'une hausse dans les huiles ou d'une baisse dans les cotons; il a gagné trente mille francs en spéculant sur les trois pour cent: donc il faut l'admirer, et il veut se faire déclarer homme de génie, de par dame Fortune. C'est le pire de tous les lieux-communs que celui qui roule sur la finance.

Parler de la pluie et du beau temps est peut-être le seul lieu-commun que permette le monde; mais encore n'est-ce que par une sorte de convention tacite; car ce lieu-commun est une des plus ridicules traditions qui accusent la stérilité des pauvres cerveaux humains. La pluie et le beau temps servent d'introduction ou de transition à la causerie; c'est une sorte de prélude qui donne le temps d'observer, d'étudier son monde; et quand on a voyagé un moment au ciel, quand on a parlé de sa température, on redescend sur la terre.

Le Calembour.

On a voulu faire honneur au marquis de Bièvre de l'invention du calembour, comme de la comédie du *Séducteur*, dont l'illustre auteur est maintenant connu de tout le monde littéraire. On peut dire du calembour, ainsi que de beaucoup d'autres choses qui valent beaucoup plus ou qui ne valent guères mieux, que son origine se perd dans la nuit des temps. Le calembour est un jeu de mots qu'on retrouve dans toutes les langues mortes ou vivantes. L'idiome sacré de l'Égypte, dont on est parvenu à surprendre le sens mystérieux, nous a fait connaître que les hiéroglyphes cachaient un grand nombre de calembours; et certes les marquis de Bièvre, du temps des Sésostris et des Ptolémées, ne l'eussent pas cédé au noble farceur du dix-huitième siècle. Sans doute les investigations ultérieures de la colonie savante, qui va de nouveau explorer la vieille Égypte, confirmeront cette antiquité de l'origine du calembour, la gloire de son règne, et son influence sur un grand peuple qui a précédé tous les autres dans la carrrière de la civilisation.

Quand on parcourt les fastes des anciennes républiques, quand on lit les vieux historiens de Rome et d'Athènes, on est surpris de cette multitude de jeux de mots pour ainsi dire historiques, d'équivoques burlesques qui se rattachent plus ou moins aux graves questions de la politique. Ce qui doit surtout flatter l'amour-propre des partisans nombreux du calembour, c'est que les interprètes des dieux, les prêtres des grandes et des petites divinités, les pythonisses, les femmes chargées de transmettre aux peuples les célestes volontés, employaient presque toujours la forme du calembour pour rendre leurs oracles. Aussi ne les comprenait-on pas toujours; et de leur explication ou traduction plus ou moins heureuses, dépendait le sort d'un peuple.

Qu'on vienne maintenant prendre

partie le dix-huitième siècle et le nôtre, et leur faire leur procès, comme aux pères du calembour : contemporain du monde, il a résisté à tous les déluges, à toutes les révolutions du globe, et s'est montré partout où il y avait des hommes en société. En France, il se retrouve aux premiers temps de la monarchie comme aux jours de sa décadence, brave la fureur sanguinaire des tyrans plébéiens, et sous la hache même fait encore entendre l'accent vengeur d'une gaîté ironique qui, s'échappant en jeux de mots, punit le crime par le ridicule, et se moque d'un courroux impuissant. On pourrait citer un grand nombre de calembours qui ont obtenu un succès de vogue pendant la révolution, et qui ont fait passer de bien mauvaises nuits aux Roberspierre et aux Danton. Ces gens-là dormaient tranquillement après avoir signé des listes de proscription; le cri du sang versé sur tant d'échafauds n'interrompait pas leur sommeil: mais une saillie populaire, un calembour aiguisé en épigramme sanglante, les poursuivaient, les accompagnaient jusque dans leurs lits, où il leur semblait entendre le ricanement de la multitude: cela équivalait presque à un remords.

Dieu merci, le règne du calembour n'est pas près de finir en France; il y a tant de gens qui entretiennent son feu sacré, tant de desservans de son culte! Où n'en fait-on pas des calembours, bons ou mauvais? On en fait à la cour, à la ville, dans les halles, dans les rues, dans les prisons, aux galères; on en fait dans les loges de portiers, dans les coulisses des théâtres, dans les bureaux des ministères et dans les bureaux de journaux. Quand l'occasion d'un calembour se présente à un journaliste, il en fait part au public, qui rit presque toujours, même en s'écriant: *O que c'est mauvais!* Mais il a ri, et le voilà désarmé.

Si le calembour a ses partisans, il ne manque pas non plus de détracteurs qui deviennent pâles et blêmes en entendant seulement prononcer son nom; d'autres ne comprennent rien, ou affectent de ne rien comprendre à ces jeux de mots, à ces équivoques qui exigent une sorte d'habitude et d'expérience; car pour dix calembours qui ont une sorte d'à-propos ou de bonheur, et qui par conséquent peuvent obtenir le droit de bourgeoisie, il y en a cent qui sont *tirés par les cheveux*, et tout-à-fait inintelligibles.

Le calembour, idole du tiers-état, dont il fait les délices, ne pénètre que difficilement dans les salons de la haute aristocratie; ceux de la finance, sans être aussi dédaigneux, n'ont pas cependant pour lui beaucoup d'égards; et il est probable qu'avant peu, il n'aura pas plus à se louer de l'une que de l'autre. Mais que lui importe, il a pour lui le peuple, le peuple et ses applaudissemens. Voilà de quoi le consoler de la haine des nobles et des financiers, qui sans doute lui gardent rancune pour quelque licence qu'il se sera permise en vers ces hauts et puissans seigneurs.

Les Journaux.

S'il faut du pain et des spectacles au peuple, il faut des journaux à la classe éclairée de la population, à ces rentiers, à ces hommes de plume et de robe, à ces industriels qui composent la portion vitale de la nation, attendu que c'est celle qui paye les impôts et alimente tous les canaux du Gouvernement. Aussi, voyez quels cris ont fait pousser à la multitude affamée de nouvelles politiques et littéraires, les actes arbitraires qui ont menacé l'existence des journaux ou enchaîné leur liberté. On eût dit que chaque lecteur, chaque abonné, allait incessamment subir le bâillon imposé à sa feuille chérie ; partout même concert de plaintes, d'indignation, d'élégies et de philippiques ; partout mêmes vœux pour la chute du despotisme ministériel. La liberté de la presse est un besoin général que les plus chauds partisans de l'obscurantisme ont reconnu eux-mêmes ; mais c'est surtout dans son application aux journaux qu'elle paraît le plus nécessaire ; et l'opinion publique ne voudrait pas d'une indépendance illimitée dont les feuilles quotidiennes seraient exceptées. On veut savoir tous les matins ce qui s'est passé la veille ; c'est une sorte de bulletin de la santé politique de son pays, qu'on desire recevoir tous les jours, afin de discuter le mérite des médecins chargés de veiller à la conservation du corps social, à la défense des plus précieux intérêts: alors on sait à quoi s'en tenir sur les causes du bien comme du mal, et l'on peut aviser aux moyens de continuer l'un ou de réparer l'autre.

L'influence des journaux a été mise en problême par des gens intéressés à calomnier la presse périodique: mais ils ont échappé à peu près aux dangers sans cesse renaissans qui les assiégeaient depuis tant d'années; ils peuvent se reposer à l'ombre de leur cautionnement: ils payent cher ce repos, il est vrai; mais enfin ils en jouissent, et l'empire qu'ils exercent semble encore avoir acquis plus de force et d'étendue, depuis qu'une loi a fixé leur destinée. Bon nombre de journaux littéraires ont succombé sous les exigences rigoureuses de cette loi; ceux qui ont résisté à ce coup terrible ont hérité des feuilles décédées *intestat*; ils ont vu augmenter le nombre de leurs abonnés, et ont pu, sans remords, se dire : à quelque chose malheur est bon.

La lecture des journaux est à la fois un délassement et une leçon; elle suffit à la plupart de ceux qui les lisent, et leur tient lieu de toute autre étude, ainsi que d'une bibliothèque. C'est l'histoire contemporaine, ce sont, pour ainsi dire, les fastes du jour, du moment même qu'ils trouvent dans ces feuilles où la variété des événemens offre le charme et les surprises d'une lanterne magique. Il ne peut se tirer un coup de canon ou de fusil en Europe, ou dans une autre partie du monde, qu'il ne trouve un écho dans les feuilles périodiques; plus de secret politique, commercial, judiciaire, pour le public qui sait lire. Les intérêts futiles de la curiosité ne sont pas repoussés par les dédains des grands intérêts de la diplomatie: la chute d'un mélodrame, le succès d'un vaudeville, les infortunes d'un mari mystifié, un pot de fleur qui enfonce le chapeau et le crâne d'un bourgeois de la rue St-Denis, se mêlent, se confondent, se multiplient dans ces panoramas sérieux et comiques, burlesques et tragiques, où tous les goûts, tous les appétits peuvent se satisfaire.

La lecture des journaux alimente toutes les conversations; sans eux qu'aurait-on à dire dans un salon, après la réflexion de rigueur sur la pluie et le beau temps, après la digression sur les pantalons raccourcis, sur les habits allongés par la mode? Les journaux fournissent les dissertations : comme aucun d'eux ne se ressemble, et qu'ils s'entendent parfaitement pour offrir une heureuse variété de nouvelles fausses et vraies, d'opinions et de principes, il s'ensuit qu'un homme qui a parcouru le matin cinq ou six journaux, pour peu qu'il ait de mémoire, et surtout s'il sait choisir parmi cette foule d'innombrables matériaux offerts à son intelligence et à sa curiosité, peut jouer un rôle très-intéressant dans une demi-douzaine de cercles, et acquérir en une soirée la réputation d'un homme aimable. Ainsi donc l'existence des journaux se lie étroitement à celle de la vie sociale et au règne de la politesse. Otez les journaux, la société devient presque nulle; tout se réduit à un frivole commérage, à un caquetage ridicule; on ne sait plus où l'on est, où l'on vit; l'habitant de Nanterre devient absolument un Iroquois pour l'habitant de Versailles; les bourgeois, étrangers les uns aux autres, ne voient plus rien au-delà de leur rue ou de leur deuxième étage, et pendant ce temps-là, comme les tailleurs de budgets, les valets du pouvoir, les fripons administratifs, les écrivains mercenaires, les tartufes, s'arrangent de ce silence de la presse! avec quelle sécurité ils coupent, rognent, mangent, dévorent!........ Il faut espérer que les journaux ne mourront plus.

Le Silence.

Le silence est souvent un langage muet, plus expressif que la parole; l'éloquence même l'emploie avec sublimité. Rien n'exprime mieux le refus que le silence, comme le prouve le trait suivant de Plutarque, dans les *dits notables des Lacédémoniens*. Un ambassadeur de la ville d'Abdère haranguait fort longuement Agis, roi de Sparte, en faveur de ses concitoyens. « Eh bien ! Seigneur, quelle réponse voulez-vous que je leur fasse? dit-il à Agis. » — Que je t'ai laissé dire tout ce que tu as voulu, sans jamais dire un mot, répondit le Spartiate.

Qu'on nous pardonne de citer un roman : ce sera celui de *la Princesse de Clèves*. M. de Nemours s'approcha de madame de Clèves, qui sans doute rêvait à lui; il n'avait pas ouvert la bouche, et elle se retourne brusquement en lui disant : *Eh! mon Dieu, monsieur, laissez-moi en repos*. C'est un bel éloge du silence, que d'en faire une déclaration d'amour.

Homère a peint avec une énergique simplicité l'indignation d'Ajax, lorsqu'à son préjudice les armes d'Achille furent adjugées à Ulysse. Quand, dans le onzième livre de l'Odyssée, Ulysse descend aux enfers, il rencontre Ajax, l'aborde, et lui dit les choses les plus flatteuses sur ses exploits et sur sa gloire. Ajax, toujours indigné, lui tourne le dos et s'éloigne sans lui répondre. Dans Virgile, qui imite si souvent Homère, mais presque toujours en l'embellissant, Didon ne répond aux excuses assez gauches que lui fait Énée, que par un silence dédaigneux. Ces deux traits ont toujours été admirés.

Pausanias raconte que Pénélope, pressée, peu de temps après son mariage, par Icare son père, et Ulysse son époux, de déclarer si elle voulait ou suivre Ulysse à Ithaque, ou demeurer à Lacédémone dans le sein de sa famille, que lui fait répondre Pausanias? Elle se tait, et pour toute réponse, elle laisse tomber son voile sur ses yeux : dans le lieu même où elle venait de donner cette réponse modeste, Ulysse, en faveur de qui elle fut interprétée, fit ériger un autel à la pudeur.

C'est dans les livres saints qu'on trouve de nombreux exemples de la sublimité du silence. Voyez le sacrifice d'Abraham : Isaac est lié par son père sur le bûcher où il doit être immolé ; et dans le récit de Moïse, ni le père ni le fils ne prononcent une parole. Le sage Rollin remarque que Josèphe, en racontant le même fait, met dans la bouche d'Abraham un assez long discours, et il fait remarquer en même temps la supériorité du silence de l'Écriture sacrée sur l'éloquence de l'historien profane.

S'agit-il d'exprimer la puissance redoutable du maître de l'Asie, de Cyrus ? *A son aspect la terre se tut*, dit le prophète : *Siluit terra in conspectu ejus*. Les traits de ce genre abondent dans l'ancien Testament.

Les Anglais connaissent bien le prix du silence et en font grand usage. Nous avons vu quelque part qu'ils avaient un club où il était défendu de parler, et nous avons connu un membre de la chambre des communes qui disait que le *parler* gâte la *conversation* : *To speak spoils the conversation*. Si la suffisance et la sottise pouvaient prendre cela à la lettre !

Chapitre unique.

Les Cuirs.

Quel rapport y a-t-il entre un cuir et une faute de langue, entre une peau d'animal préparée par le tanneur, et un solécisme ou un barbarisme échappés à l'ignorance d'un impertinent bavard, d'un sot suffisant? Ce n'est pas une chose très-facile à expliquer que l'origine de l'application du mot *cuir*, aux fautes de langage. Les étymologistes se sont occupés de sujets moins intéressans que celui-là; car l'usage des cuirs de conversation est presque aussi généralement répandu que celui des cuirs employés pour la chaussure, la sellerie et autres industries dont la liste est longue. Quand on veut se rendre compte de cette monstrueuse anomalie, on erre dans le labyrinthe des hypothèses, et on est presque tenté de s'arrêter à une supposition dont messieurs les tanneurs pourraient bien se fâcher. Mais comment croire que, dans cet état, il y ait moins d'instruction parmi ceux qui l'exercent, que parmi d'autres industriels également honorables? Quoi qu'il en soit, on ferait une histoire bien curieuse des origines de certains mots bizarres, accrédités dans la langue : espèce de bâtards engendrés par le caprice d'une bouffonnerie, ou par la combinaison d'événemens singuliers, ils finissent par se faire légitimer, et par entrer dans la grande famille du dictionnaire. Voyez un peu si l'on peut rien comprendre aux idées changeantes du public, à son incroyable mobilité. Après avoir semblé prendre sous sa protection spéciale le mot *cuir*, pour exprimer gaîment une insulte à la grammaire, il cherche bien vite, pour dérouter les grammairiens et les faiseurs de dictionnaires, une autre dénomination qui paraît reproduire une idée tout-à-fait opposée. Le *velours* est venu disputer la place au *cuir*, malgré la disparate surprenante qu'offre la première de ces expressions; si jamais mots ont hurlé ensemble, ce sont sans doute les mots *velours* et *cuir* : l'un annonce une étoffe moelleuse, dont la douceur est le premier mérite; l'autre une peau corroyée, dont la dureté désagréable résiste au toucher; et cependant on les emploie indifféremment l'un et l'autre pour exprimer la même idée, pour signaler un outrage aux lois de la grammaire, aux règles du langage.

Après avoir altéré ou dénaturé ainsi la signification primitive du mot *cuir*, au profit du persiflage et de la moquerie, on a donné le nom de *cuirassiers* aux gens qui se permettent des licences condamnées par Lhomond et le vocabulaire de Wailly. Les cuirassiers forment une espèce de régiment où il y a des soldats, des officiers, des capitaines, un colonel, enfin tout ce qui constitue un état-major; on y est incorporé, bon gré, malgré, lorsqu'on s'est avisé de mal *accorder les noms avec les verbes*, comme dit Molière, et d'avoir méconnu la fameuse règle des participes, dont il y a tant de clés qui n'ouvrent pas. Si l'on voulait faire manœuvrer au Champ-de-Mars le régiment des cuirassiers au grand complet, on verrait le plus beau corps de cavalerie du monde; et sans doute, si l'idée fut venue à Napoléon de l'appeler à son secours en 1814, à l'époque où il manquait presque entièrement de cette arme si nécessaire, la lutte qui l'a précipité du trône aurait été plus longue.

Les cuirs sont la terreur de la société; ils bouleversent toute une conversation, et produisent l'effet si bien peint par Virgile, lorsqu'il fait rouler le tonnerre dans l'étendue :

. . . . Mortalia corda
Per populos stravit pavor. . . .

Au bruit du cuir lancé par un large monsieur, à qui une grande fortune donne un aplomb ridicule, ou par un jeune fat dont la cravate est si artistement plissée, on voit les interlocuteurs pâlir et rougir tour à tour; on dirait qu'ils ont été surpris par la vue de la tête de Méduse. Quelques-uns d'entre eux seulement se cachent la figure avec leur mouchoir, pour rire sans danger; d'autres se mouchent ou demandent du tabac à leurs voisins par forme de distraction. Enfin, le cuir occasionne une révolution complète ; c'est le 89 de la conversation.

Les cuirs sont les signes certains d'une éducation très-négligée: ils font descendre le plus noble homme de France, le descendant des plus illustres preux, fût-il même un Montmorency, au niveau d'un laquais ou d'un portier. En amour, on ne pardonne jamais à un cuir; et nous avons vu manquer un mariage projeté entre la fille d'un duc et pair et l'héritier d'un grand nom militaire, parce que celui-ci, dans une soirée chez son futur beau-père, s'était avisé de dire que ses hussards, dans la promenade d'Espagne, en 1823, *gravaient* les montagnes comme des chamois. Ce cuir, qui fit une impression extraordinaire sur l'assemblée, resta profondément *gravé* dans la mémoire ou plutôt dans le cœur de la demoiselle : le lendemain elle avait signifié à son père qu'elle ne voulait pas d'un mari qui convertissait des hussards en *graveurs*; et le jeune officier, éconduit, ne put presser la *taille-douce* de sa fiancée, à jamais perdue pour lui. Jeunes officiers de cavalerie légère, avant de faire l'amour, apprenez d'abord à parler français.

PORTRAITS.

Les Phrasiers.

Il y a des gens qui s'imaginent que pour être distingué des autres, pour s'élever au-dessus de ce qu'on appelle, classiquement parlant, *ignobile vulgus*, de ce que la crudité romantique appelle tout bonnement la canaille, c'est-à-dire le peuple, il faut éviter de parler comme tout le monde parle. Ils s'étudient à arrondir des périodes, à les saupoudrer de grands mots empruntés de l'arsenal oratoire ou du magasin académique; puis s'en vont avec leurs provisions de phrases courir les salons, les cercles, et se déchargent de leur pesant fardeau sur les épaules obligeantes d'auditeurs complaisans. Éternels discoureurs, ils ne parlent jamais, déclament sans cesse; et la chose la plus simple, la plus futile, une observation sur la pluie ou le beau temps, une plainte sur la boue de Paris, vont servir à ces messieurs de texte pour les plus fastidieuses dissertations. On peut appeler ces individus les bavards descriptifs, comme on a donné aux élèves du maître Jacques Delille le nom de poètes descriptifs. Qu'on cherche dans la nature un être plus égoïste qu'un bavard qui fait des phrases. Quoiqu'il parle, la plupart du temps, pour ne rien dire, il exige la plus religieuse attention et commande le plus profond silence; il faut qu'il finisse sa phrase; et fût-on surpris par un besoin subit, eût-on une affaire très-pressante, il faut subir jusqu'au dernier mot du malencontreux phrasier. C'est en vain que vous voudriez très-humblement le prier d'abréger sa période; c'est en vain que vous lui demanderiez un moment de trêve, ou que vous le supplieriez de vous faire grâce de deux mots; il est sans pitié; l'*æs triplex* cuirasse son cœur, et sa bouche entr'ouverte continue l'émission de longues paroles, de phrases traînantes, et de lieux-communs d'une pédante verbosité.

Malheur, trois fois malheur à l'honnête citoyen que le hasard place à côté d'un faiseur de phrases! malheur à tous ceux qui le connaissent, et qui sont forcés d'avoir des rapports de convenance ou d'intérêt avec lui! Il ne sait pas approprier sa conversation aux circonstances et aux individus; jamais il ne descend de cette espèce d'olympe du haut duquel il lance ses foudres phraséologiques. Toujours armé des solennités et des pompes de la prose, il en accable tous ceux qui se présentent à lui: son propre frère, son père même, qu'il ne manque pas d'appeler *l'auteur de ses jours*, ne sont pas à l'abri de l'orage; il ne saurait parler même à son portier ou à son valet de chambre, sans employer les locutions extraordinaires qui sont aussi inintelligibles que le grec et l'hébreu pour ces individus ; il triomphe de leur embarras, de leur surprise, et leur sait gré de n'avoir pas été compris. Alors, content de cet hommage naïf rendu à la supériorité, il consent à donner le mot de l'énigme, parce qu'avant tout il faut que ses ordres soient exécutés, et parce qu'il paye exactement les gages de son valet et de son portier ; mais il est enchanté d'avoir un moment effrayé leur intelligence.

Un homme qui fait des phrases, qui parle d'une manière compassée avec tout le monde, et qui ne sait pas faire la part des conditions, des rangs et des caractères, est ordinairement un sot. Il a beaucoup lu et a beaucoup retenu ; c'est le talent des niais qui, n'ayant pas une idée qui soit de leur propre fonds, sont obligés d'avoir recours à l'imagination des autres; ils parlent constamment avec leur mémoire. Ces beaux parleurs sont presque toujours incapables d'écrire deux lignes qui aient le sens commun; mais faut-il jeter en avant les expressions les plus ronflantes, les mots d'une recherche d'autant plus ridicule, que la simplicité et la clarté sont les premières conditions de la conversation, vous les voyez, orateurs infatigables, accumuler les redondances emphatiques, épuiser le vocabulaire de la prose poétique, et se perdre dans le labyrinthe du galimatias.

L'homme d'esprit se garde bien de

ce luxe indigent de mots, de ce misérable étalage de phraséologie : il parle à chacun le langage qu'il peut entendre. Instruit avec les gens éclairés, il raisonne avec les savans, plaisante avec les jeunes gens ; sa politesse toute galante amuse le beau sexe, et il n'oserait employer un tour qui fît supposer de sa part le travail d'une phrase prétentieuse : car le tact des femmes ferait bientôt justice d'une impardonnable infraction aux règles du goût. Le goût, voilà le souverain régulateur de la société ; il n'exclut pas les formes vives et variées, les charmes et les saillies d'une conversation aimable et piquante ; mais il repousse l'insipide uniformité d'un lourd parlage sans idées, sans originalité, qui, semblable à une pesante massue, assomme impitoyablement l'auditeur sous le poids de phrases interminables.

Les Souffleurs.

Au théâtre, il est un personnage dont on apprécie peu les services, et qui a bien le droit de se plaindre de l'ingratitude des comédiens : c'est cet homme que le public ne voit jamais, et qui, enseveli, pour ainsi dire, dans une espèce de hutte placée au milieu de la rampe, et qu'on a appelée très-impoliment un *trou*, vient au secours de la mémoire des acteurs, et leur lance les mots, les phrases qu'ils oublient. L'un de ses yeux est fixé sur le manuscrit de la pièce, et l'autre attend le moment d'hésitation qui va peut-être coûter un vigoureux coup de sifflet au tyran, au jeune premier ou à la princesse. Alors il devance, pour ainsi dire, le besoin, et le mot infidèle ou séditieux va complaisamment retentir à l'oreille du personnage rassuré; le public n'a pu voir son embarras, il n'a pas soupçonné l'intervention bienfaisante du souffleur; et celui-ci, après avoir ainsi sué à grosses gouttes, ou grelotté pendant quatre heures dans son *trou*, retourne tranquillement dans ses modestes foyers, content de gagner ainsi cinquante ou soixante francs par mois. Il est vrai que ce pauvre diable joint quelquefois aux faibles émolumens de sa place quelques bénéfices pour copies de rôles ou de manuscrits : mais il n'a guère le temps de se livrer à ce travail; presque toujours les répétitions réclament sa présence au théâtre dans le cours de la journée. Tel est le sort d'un souffleur; type de la patience et de la résignation, c'est le martyr de l'art dramatique; on peut presque dire de lui qu'il est à l'acteur ce que l'âne est au cheval. Il supplée l'acteur; il rend quelquefois plus de services que lui, exige moins de soins, d'égards, et ne se plaint jamais.

Mais on ne souffle pas seulement au théâtre; que de gens dans le monde ont besoin d'un souffleur! que de gens n'ont d'esprit, de talent, que grâce à un fournisseur particulier! Il n'a pas de caractère public, il ne se montre jamais ; payé sur les fonds secrets d'un stupide financier ou d'un Robin empesé, il travaille, il imagine, il invente pour leur compte; son esprit, aux gages d'un maître, lui prépare ses réponses, lui fait ses mots ingénieux, ses reparties piquantes; tantôt brode un joli conte, tantôt polit un galant madrigal, le tout à juste prix. On appelle aussi cette espèce de souffleurs des *faiseurs*. Tel grand personnage, dont l'éloquence a provoqué bon nombre de points d'exclamation et d'admiration de la part des grands et des petits journaux; tel gros manufacturier que les dissertations sur le commerce et sur l'industrie ont fait placer par l'opinion publique presque au-dessus de Colbert ou de M. Chaptal, ne doivent leur gloire qu'à un faiseur honnête, à un pauvre diable, logé à un sixième étage, non loin du brillant hôtel des Mécènes qui le payent. Moyennant douze ou quinze cents francs par an et trois aunes de drap noir par an pour qu'il ait un habit décent, il compose, écrit en prose et en vers, traite les questions d'économie politique, de littérature, d'histoire, de géographie, avec une égale facilité. S'il lui arrive, par hasard, d'entrer dans un café, il entend de braves gens s'extasier en lisant le *Constitutionnel* ou les *Débats*, sur le génie profond, sur les improvisations élégantes de M. le comte de **, de M. le baron de ***. Il pourrait bien à la rigueur prendre ces éloges pour lui-même ; mais il a fait abnégation d'amour-propre ; il oublie que le génie profond du comte et l'éloquence du baron sortent de son magasin ; il se permet quelquefois un sourire, mais c'est avec une réserve qui ne le trahit jamais. Cet homme, dans quelques vingt ans d'ici, sera surpris par la vieillesse, par le besoin ; les commandes lui manqueront entièrement, et alors il s'en ira tout droit à l'hospice, où il mourra probablement entre un laquais et une portière, avec la consolation d'avoir donné de la gloire à une douzaine d'illustres ingrats. On voit par-là qu'il n'y a pas une grande différence de fortune entre ce souffleur littéraire et le souffleur de théâtre.

La société présente encore deux autres espèces d'originaux: c'est d'abord l'homme qui ne laisse pas finir la phrase à la personne qui parle, et veut à toute force lui fournir des mots et des expressions, comme si elle ne pouvait les trouver elle-même; ridicule et impertinent tout à la fois, il ne voit pas que son procédé est une blessure pour l'amour-propre, et que lors même qu'il aurait affaire à un sot, il ne saurait être bien venu de lui avec de pareils offres de services. Les accepter serait avouer sa sottise ou son impuissance; et quel est l'homme qui consentirait à reconnaître publiquement qu'il ne peut parler sans avoir auprès de lui un dictionnaire? L'autre souffleur est une façon de compère ou de Lazarille, qui ordinairement ne reçoit pas de gages, et se contente de quelques dîners pour prix de sa complaisance. C'est le *vade mecum* du marchand enrichi, qui veut absolument aller dans le monde et y tenir convenablement sa place; il a un ami qui le suit partout, qui surveille ses paroles, règle sa conversation d'avance, et l'aide de la voix et du geste lorsqu'il est une fois aventuré dans la carrière. S'il est arrêté par une ornière, le Mentor soulève, dégage le char ou la charrette de son Télémaque, et une interruption ménagée avec art, une suspension provoquée par un incident jeté en forme de *simple observation*, donnent le temps au bonhomme de se raviser, de reprendre haleine et de finir sans encombre la maudite période, dont le Mentor complaisant lui a glissé dans l'oreille les derniers mots. Ce souffleur est presque toujours un employé à douze cents francs, ou un clerc de notaire qui ne gagne guère que le déjeûner. Mais c'est que le bourgeois est riche, qu'il a une nièce pour unique héritière; et alors, pour avoir une jolie femme et vingt mille livres de rente, on peut bien faire pendant quelque temps l'ennuyeux métier de souffleur.

Les Citateurs.

Il faut citer maître Boileau à propos de la manie des citations, espèce de ridicule assez commun de nos jours, où il y a tant de gens qui ont appris quelques mots de latin dans les livres ou dans les écoles :

L'ignorance vaut mieux qu'un savoir affecté.

Mais quelques mots de latin et même de grec ne sauraient être des preuves d'érudition; et les gens qui vous jettent à la tête, sans qu'on les en prie, un hémistiche d'Horace, un vers de

Virgile, devraient bien se convaincre qu'il n'y a pas au monde de métier plus facile que celui de citateur. Ces hémistiches, ces vers des poètes anciens, on les trouve reproduits partout; on les trouve partout traduits, commentés; ils servent à décorer les frontispices de la plupart des livres, et il n'y a pas de méchant auteur de roman qui n'en affuble, sous le titre grec d'épigraphe, le commencement de chaque chapitre de ses quatre volumes in-douze. Les cuisinières, les portiers, les femmes de chambre, les courtauds de boutique, les huissiers-valets qui se tiennent dans les antichambres princières ou ministérielles, pourraient très-facilement devenir des prodiges d'instruction, s'ils voulaient se donner la peine d'épeler et de graver dans leur mémoire les syllabes *cicéroniennes* ou *virgiliennes* qu'ils rencontrent dans leurs lectures. Ils citeraient tout aussi bien que maint pédant de notre connaissance ; et s'il était vrai que la réputation de savant coutât si peu, ils pourraient fort bien entrer à l'Institut. Il faudrait une salle mille fois plus grande que celle des Quatre-Nations pour contenir les bataillons des académiciens et academiciennes en jupon, en casquette et en bonnet de coton, chantant en cœur : *Digni sumus intrare.*

La véritable érudition se garde bien de se montrer; c'est là son mérite, c'est là le cachet qui la fait reconnaître. Elle ne se croit pas dispensée d'avoir du goût et de la modestie; placée dans un salon rempli de gens du monde et de dames, elle n'ira pas étaler les lambeaux des vieilleries classiques qui feraient peur au beau sexe; mais au contraire, elle tâchera de faire oublier, de faire, pour ainsi dire, pardonner sa présence; car un homme instruit, un homme supérieur par ses connaissances, n'a pas besoin de se nommer pour être connu; son mérite le trahit toujours.

Que si un groupe détaché de l'assemblée se forme autour de lui, et l'appelle sur le terrain du savoir, pour apprécier son mérite, alors même il ne se livrera pas tout d'abord, essayera, pour ainsi dire, chacun de ses auditeurs, afin de ne pas heurter les prétentions ou l'ignorance; et quand il aura bien étudié son monde, il semera sa conversation des fruits de sa lecture, la fécondera par d'heureux souvenirs; et chacun, après l'avoir entendu, s'accordera à le trouver tout à la fois instruit et aimable. Mais y a-t-il rien de plus ennuyeux et de plus impertinent à la fois qu'un homme qui lance à tort et à travers des mots inintelligibles pour la plupart des gens auxquels il s'adresse, et qui semble parler pour ne pas être entendu? c'est là le cas de lui appliquer ce vers d'un autre grand moraliste, de Molière:

Un sot savant est sot plus qu'un sot ignorant.

Nous ne prétendons pas qu'une pensée d'un grand philosophe, un mot piquant d'un personnage célèbre, un vers français ne puissent être cités quelquefois sous l'égide de l'à-propos; nous croyons au contraire qu'il y a profit et agrément pour tout le monde dans une heureuse citation. Mais l'usage des citations exige beaucoup de tact et de goût et nous ne saurions trop recommander la plus grande prudence aux personnes qui veulent se produire avec quelque avantage dans la société. Qu'ils se gardent surtout des citations latines, grecques, anglaises, allemandes: mieux vaudrait un mot chinois qu'un mot en *us*, en *os*, en *ich* ou en *ach*.

Les Rieurs.

Le bon La Fontaine, qui était bon, malice à part, et que les mémoires contemporains nous représentent comme quelque peu soucieux et morose, La Fontaine qui ne se faisait pas faute d'épigrammes et de plaisanteries un peu caustiques, a excommunié en un vers la gent rieuse :

On aime les rieurs, et moi je les évite.

a-t-il dit ; et les rieurs lui ont gardé une rancune qui durera probablement aussi long-temps que les œuvres de l'immortel fabuliste. En vérité, il n'avait pas tort d'éviter ces insipides apôtres ou martyrs de la gaîté, qui font profession d'hilarité et qui trouvent tout plaisant. Un rieur de métier, un homme dont la physionomie est continuellement contractée par une joie convulsive, est l'être le plus triste qu'on puisse rencontrer. Méfiez-vous de lui; à peine vous aura-t-il vu, à peine aurez-vous échangé quelques paroles avec lui, qu'il vous regardera comme son ami intime; il lui suffira de vous avoir parlé une fois, pour qu'il vous serre la main avec une impertinente familiarité; à la deuxième rencontre il vous tutoiera, et à la troisième il vous embrassera sur les deux joues : alors plus de moyens de l'éviter; sa gaîté vous poursuivra, vous atteindra dans la rue, chez vous ; vous l'entendrez rire d'un quart de lieue, car il s'annonce comme une diligence ou comme une *omnibus* ; les éclats de sa gaîté sont aussi bruyans que ceux d'une trompette ou d'un cornet. Vous aurez beau vous renfermer dans votre domicile, bien fermer votre porte, fussiez-vous logé au sixième étage, notre rieur saura bien faire pénétrer jusqu'à vous le tonnerre de sa gaîté. Qu'est-ce qui se passe donc au bas de votre escalier? Quelle rumeur, quel bruit ébranlent vos vîtres, et font accourir toutes les commères vos voisines pour connaître la cause de cette révolution? Tenez, regardez en bas, voyez : c'est votre rieur qui vient de demander à votre portière si vous êtes chez vous. Pour tout autre, une pareille question est très-simple et se réduit à un ou deux mots; mais pour un ami intime, cela ne peut pas se passer sans un gros rire qui accompagne la demande et la réponse. La portière et sa loge, le chat qui dort près de la chaufferette, les lunettes du concierge, ou son bonnet, tout est pour le visiteur une source intarissable de gaîté et de plaisanteries; il ne peut se détacher de cet endroit, il est près de crever de rire: telle est son expression habituelle, et arrivé chez vous, il ne vous voit pas, il rit, il rit, il rit, et va se jeter sur un fauteuil ou sur une chaise pour reprendre haleine; les premiers mots qui annoncent la fin de cette crise, le dernier période de la convulsion sont: « Oh! oh! la rate, la rate!... » Si vous m'en croyez, vous prendrez un manche à balai, et vous vous débarrasserez le plus honnêtement du monde d'un ami intime qui vous ferait mourir de chagrin.

Les rieurs se trouvent le plus souvent dans les réunions, dans les soirées bourgeoises. Avant la révolution, les salons de la haute noblesse les admettaient comme bouffons de troisième classe, et ils venaient immédiatement après les mystificateurs et les disciples de M. de Bièvre. Aujourd'hui relégués dans la roture, ils se contentent d'égayer le tiers-état; on les confond souvent avec les farceurs, mais bien mal à propos. Le rieur ne se permet pas de tours plaisans; au contraire, il regarde en pitié le joueur de gobelets, le pantin qui se charge d'abréger les longues heures de la soirée, pour une compagnie qu'il amuse, moyennant une pièce de vingt francs glissée dans sa main entre dix et onze heures du soir. Le rieur exerce un métier tout-à-fait gratuit; son ridicule tient à son caractère et à son esprit, et est aussi éloigné d'un calcul intéressé que des prétentions de l'orgueil.

Il y a loin de cette gaîté douce et paisible dont un sourire aimable est l'expression, aux transports d'une gaîté qui s'exhale en cris et en mouvemens désordonnés. L'homme de bonne compagnie est toujours fidèle aux règles du goût, et une aventure plaisante ou un mot piquant, une naïveté échappée à la sottise ne l'entraînent jamais au-delà des convenances. Savoir rire à propos et avec mesure, est un art que peu de gens possèdent, et qu'on n'acquiert qu'avec l'expérience et l'habitude du monde. L'homme de bonne compagnie sourit volontiers lorsqu'il entend un bon mot ou une saillie spirituelle; mais lorsque lui-même paye son tribut à la société, il se garde bien de rire avant ou après le trait ingénieux qu'il vient de lancer au milieu d'un cercle : quand tout le monde applaudit en riant, lui seul reste impassible, et même semble reculer humblement devant cet unanime suffrage. On dirait qu'il regrette presque d'avoir de l'esprit, tant il y a de modestie et d'abnégation personnelle sur sa physionomie !

Les Originaux.

C'est un original ! c'est un original, répète-t-on tous les jours en parlant de tel ou tel individu qui ne se doute guère de son originalité. Il suffit qu'on n'ait pas faim en présence de convives qui ont un appétit dévorant, ou qu'on ait un habit un peu plus court que la mode ne le comporte, pour qu'on reçoive un brevet d'original de première ou de seconde classe; et l'on aurait beau dire qu'on a déjeûné à midi ou à deux heures, en vain on s'évertuerait à vouloir prouver que demoiselle ou dame la mode a bien souvent tort, les argumens de la défense passent, et l'originalité reste. Il faut bien en prendre son parti, et après tout, pourquoi se fâcherait-on d'un arrêt qui n'entraîne ni peine afflictive, ni peine infamante, ni amende? Au contraire, c'est souvent un mérite aux yeux de bien des gens que le titre d'original; un grand nombre d'individus courent après cette épithète, comme autrefois on courait après l'ordre de la Légion-d'Honneur; et souvent ils meurent sans avoir pu l'obtenir de la complaisance du monde dont leurs grimaces ont cherché vainement à fixer l'attention.

Si la société décerne avec si peu d'équité le titre d'original, on conçoit que les originaux, ou soi-disant tels, ne manquent pas. Ajoutez à cette multitude colportant son originalité véritable ou supposée, dans les cercles, dans les réunions, l'espèce des niais qui suent sang et eau pour se faire remarquer, et prennent le ridicule pour cette distinction résultant d'une franchise spirituelle et brusque à la fois, qui, en s'éloignant de l'imitation, tombe souvent dans le burlesque et le bizarre, alors vous ne pouvez faire un pas sans coudoyer un original. Mais il suffit d'un coup-d'œil pour voir la différence qui existe entre la véritable et la fausse originalité. Une personne qui suit l'impulsion naturelle de son caractère, et dont la singularité a sa source dans une manière de voir qui lui est propre, dans des idées particulières, n'a rien d'affecté ; elle ne s'occupe pas du jugement des autres ; peu lui importe qu'elle blesse même les convenances sociales, que ses actions soient comme des hostilités commises contre le goût et l'usage. La véritable originalité est toute d'abandon et de franchise.

Voyez au contraire cet homme qui veut à toute force qu'on le regarde, qu'on le distingue ; il est impatient de l'indifférence qui s'obstine, pour ainsi dire, à l'accabler de son dédaigneux silence. Il s'agite, il se remue de cent manières, prend toutes les positions, change à chaque instant de discours, essaye tantôt de l'anecdote, tantôt du geste comique ou burlesque, hasarde un mouvement extraordinaire, tousse, se mouche d'une manière bruyante ou ridicule, le tout pour faire rire. Ce qu'il lui faut, ce qu'il desire, c'est qu'un spectateur obligeant dise au moins une fois : « Est-il drôle! » Mais on se tait sur son compte ; l'impassible physionomie de la société ne lui accorde pas même l'apparence d'un regard. Cette originalité est le travail le plus dur, l'exercice le plus pénible auxquels puisse se livrer un sot. Jamais on ne pourra lui faire comprendre que la sottise naturelle a de grands avantages sur celle qui ne l'est pas, parce qu'on a toujours égard à un acte d'humilité, et que la modestie fait supposer la timidité d'un mérite qui cherche à se cacher. C'est donc un bien mauvais calcul que la prétention à l'originalité; semblable à ces verres qui grossissent les objets, elle augmente et double pour les yeux de ceux qui la voient, la niaiserie native qui veut s'en faire une sorte de manteau d'homme d'esprit.

Il y a une originalité qui consiste à dire les choses communes d'une manière piquante, à répandre le charme de saillies vives et aimables sur la conversation. Sa parole brève, concise, repousse les mots inutiles, craint de fatiguer l'attention, et rejette les longues périodes, les phrases languissantes. Sa pensée est un trait qui part, vole et atteint le but; elle intéresse, amuse, et, quoique empreinte souvent de causticité et d'ironie, elle ne blesse jamais. Voilà l'originalité la plus précieuse, celle qui plaît toujours et qui est de mise partout. Les originaux de gestes et de manières, au contraire, rencontrent peu de partisans; souvent on a de la peine à les supporter: mais un sot qui vise à l'originalité est le fléau de toute société.

Le Distrait.

Dorville est distrait, mais sa distraction ne ressemble pas à celle de tout le monde : on serait tenté de croire que sa préoccupation provient tantôt de sa timidité, tantôt de sa défiance de ses propres moyens, défiance qui lui fait dire à part soi : on me recommande d'être tout oreille ; comprendrai-je ce qu'on va me raconter ? Or pendant le scrupule de notre homme, le récit qu'on lui fait est déjà commencé ; et Dorville, qui n'a pas fait attention à l'exorde, ne peut rien comprendre à la péroraison. Si, après le fait raconté, l'historien le regardant entre les deux yeux, l'interpelle par ces mots : Hein ! qu'en dites-vous ? mon homme se trouble, il sourit un peu et répond : Oui, c'est vrai, c'est tout-à-fait drôle ! ou bien : bah ! vraiment ! c'est inconcevable ! Or, Dorville répond une sottise, car dans tout ce qu'on lui a dit, il n'y a rien de risible, il n'y a rien d'inconcevable : il était question d'un fait sur lequel on lui demandait son avis et voilà tout. Mais que voulez-vous y faire ? Dorville n'écoute pas autrement et ne répond jamais d'une autre manière. Allez-vous recommencer ; gardez-vous-en bien, car Dorville a presque rougi de sa distraction ; et comme il a honte de rougir pour si peu de chose, tout le temps que vous passeriez à lui répéter votre histoire, il le passerait lui à recomposer ses traits, à assurer son maintien : or il est difficile de faire trois choses à la fois.

Dorville est distrait parce qu'il est timide; exemple : Un jour il demande une audience; il se présente et on lui dit : revenez. — A quelle heure? répond-il en balbutiant. — A deux heures. — Après midi? — Mais probablement, car je ne reçois pas à deux heures du matin. Dorville n'en écoute pas davantage; il descend les marches quatre à quatre et arrivé dans la cour, il se frappe, il se meurtrit le front et il s'écrie : Quelle idée cet homme va-t-il avoir de moi? sotte timidité! ai-je pu répondre une semblable bêtise!.... pauvre Dorville!

Un jour il prend congé d'une femme jeune et jolie : cette dame veut l'accompagner jusque sur le palier... « Restez, restez donc lui dit Dorville; rentrez, je vous supplie; pourquoi m'éclairer? je tiens la rampe.... La rampe! la rampe en plein jour! la rampe quand midi sonne à Saint-Eustache!.... pauvre Dorville!

C'est pour la dernière fois que vous me voyez, dit-il un jour à quelqu'un chez qui il allait régulièrement tous les jours; quelle ingratitude! quelle perfidie! c'en est fait... adieu. Dorville, le lendemain, veut aller faire part de cette rupture à un ami. Il monte et sonne. — Quoi! monsieur, c'est vous? Dorville recule étonné, stupéfait.... Oui, c'est moi, dit-il; j'avais tort et je viens vous en faire des excuses. N'en croyez rien, lecteur. Dorville avait cent fois raison; mais sa distraction, sa maudite distraction, lui a machinalement fait prendre le chemin de la maison où il avait juré de ne plus remettre les pieds.

— Quelle horrible chaleur, dit un jour Dorville en traversant le pont des Arts!... Puis, passant la main sur sa tête, il n'y trouve pas son chapeau. Que faire? encore s'il n'avait pas sa canne à la main on pourrait croire qu'il va en voisin visiter la maison en face.... Dorville ne balance pas, il jette sa canne dans la Seine. Mais tômoin du fait, un homme accourt, et saisissant notre distrait par le milieu du corps : — Non, jeune homme, non, vous ne vous détruirez pas. Celui-ci veut s'expliquer, il se débat... Mais vingt commères l'entourent....; elles l'ont vu, disent-elles; il avait déjà une jambe sur le parapet... Ce ne peut être qu'un désespoir d'amour... Vite dans un fiacre... Le pauvre Dorville! il faut qu'il donne son adresse, son numéro; il cède enfin, et on le reconduit chez lui; le lendemain on lisait dans un journal qui faisait part de l'événement : *En dépit de toutes les perquisitions, on n'a pu jusqu'à présent retrouver que la canne.* Je le crois bien, le chapeau était à son clou dans le cabinet de Dorville.

Est-ce tout? non, encore ce fait et nous terminerons. Dorville, vous rappelez-vous le jour où certaine dame, votre voisine, vous dit : « Ah! mon dieu! on me sonne, il faut que je descende... et mon enfant crie, et la mangeoire de mon serin est vide... M. Dorville, je vous en prie, veuillez me remplacer. Elle descendit, et très-heureusement remonta presque aussitôt; car dans votre précipitation, vous aviez déjà jeté le mouron sur la barcelinotte de l'enfant; et probablement, si la mère eût tardé quelque peu, le serin mangeait la bouillie du marmot. Pauvre Dorville!!!

MAXIMES.

Maximes.

Dans le monde, blâmer avec énergie les mauvaises actions des autres, est l'une des manières qui coûte le moins et qui réussit le mieux.

Il faut connaître le monde, s'en défier, ne le point haïr parce qu'il y faut vivre; et s'en faire aimer, parce qu'il nous juge.

Le monde est plus instructif que tous les livres passés, présens et à venir : personne n'en a achevé, ni n'en achèvera la lecture. La vie la plus longue en laisse encore bien des pages.

Celui qui se met au-dessus des autres, quelque esprit qu'il ait, se met au-dessous de son esprit.

On aime mieux dire du mal de soi que de n'en pas parler.

Les gens à amour-propre se persuadent continuellement qu'on les loue et qu'on les admire. Ils sont comme les voleurs qui croient sans cesse qu'on les montre au doigt.

Il y a des gens qu'on ne peut s'empêcher d'estimer, mais qu'il est difficile d'aimer; que l'on aime par réflexion et que, cent fois par jour, on est tout près de haïr. Leur franchise est maladroite; elle nous désoblige, nous révolte. Ils vous donnent un conseil : vous sentez qu'il est bon, et pourtant vous avez peine à le suivre, à vous y conformer. Pourquoi? c'est qu'on n'a pas ménagé votre orgueil; et cet orgueil veut toujours trouver son compte: en amour, en amitié, dans le monde, dans la retraite, il veut régner, il veut être caressé.

Lorsque l'orgueil n'est pas fondé, il blesse peut-être moins; car, user de ses droits, refroidit le cœur plus que les prétentions injustes. Le sentiment se plaît surtout à donner ce qui n'est pas dû.

Les paradoxes sont les idées communes; car il suffit presque toujours de retourner une vérité banale, pour faire un paradoxe.

Les gens qui n'ont pas autre chose à faire, aiment beaucoup à médire : la médisance est la comédie des dévots.

Affecter une austère vertu, jouer la vertu, ce n'est pas se soumettre aux bienséances, c'est être hypocrite.

Il est tels gens qui ne peuvent être fâchés qu'on doute de leur sincérité, parce qu'ils s'imaginent qu'on les en croit plus fins et plus habiles.

On ne doit point de sincérité sur les événemens où l'on n'est pas seul intéressé; et l'on peut se dispenser d'être vrai toutes les fois que l'indiscrétion est inséparable de la confiance.

Pour posséder le bon ton, il faut avoir une politesse obligeante et délicate, savoir cacher avec art tout ce que l'amour-propre peut offrir de révoltant. Il faut enfin montrer la décence la plus exacte, de la douceur, de la complaisance, de la réserve, le goût des plaisirs innocens et l'amour de la vertu : voilà l'extérieur qu'on ne peut se dispenser d'avoir dans la bonne compagnie.

Le bavardage produit presque toutes les indiscrétions et les méchancetés ; d'ailleurs, il ôte à une femme toutes ses grâces ; et, s'il était possible qu'une personne très-spirituelle eût ce défaut, malgré son mérite, on ne la regarderait que comme une commère aussi ridicule qu'importune.

On peut comparer les discours flatteurs à ces mets agréables au goût, mais nuisibles à la santé; et les vérités fâcheuses, mais utiles, ressemblent aux remèdes amers qui nous guérissent.

Une soirée est ordinairement une espèce de pique-nique où chacun paye son écot avec son argent, s'il est riche, ou avec son esprit, s'il en a.

Le ridicule est la seule arme dont on use avec avantage envers les sots. Leur parler sensément, et vouloir leur prouver qu'ils ont tort, c'est leur laisser croire qu'ils ont pu avoir un instant raison.

Quelque confiance qu'une femme puisse avoir dans ses agrémens extérieurs, elle n'aime pas qu'on lui dise en face qu'elle est jolie; il est trop embarrassant d'y répondre: en convenir a l'air impertinent; le nier est une fausse modestie. Un homme a mille manières de témoigner son admiration en silence. Un regard a plus de prix pour une femme que les beaux discours.

La pudeur, comme une glace pure, est ternie par le moindre souffle.

La bienveillance est une des parures de la beauté; rien n'enlaidit une jolie bouche comme un sourire moqueur.

Cette facilité, ce tact dont la nature a doué toutes les femmes pour saisir les faibles d'un homme, ne se bornent toutefois qu'à l'individu, et elles n'apprennent jamais à connaître les *hommes*, parce que, comme l'a dit je ne sais quel poète, la femme ne pense qu'à ce qu'elle désire et non à ce qui est réellement.

L'humeur des autres ne doit jamais nous en donner : c'est comme si on se noircissait le visage parce qu'on rencontre un nègre.

L'on voit dans le monde la société des femmes instruites beaucoup plus recherchée que celle des femmes qui n'ont que des agrémens naturels, parce que la raison ne se satisfait que par la communication des esprits.

La malignité, plus encore la vanité, rendent caustique et méchant : on méprise tout le monde pour s'estimer plus à son aise.

L'usage du monde consiste à ne s'appesantir sur rien, à se jouer de ses sentimens, de ses ridicules, des défauts, des vertus des autres, pourvu qu'on n'aille jamais assez loin pour blesser l'amour-propre de personne; et l'on est reconnu aimable, lorsque celui à qui s'adresse une mauvaise plaisanterie peut en rire autant que celui qui la fait.

Il est rare d'inspirer de la confiance quand on est incapable d'en montrer.

Jamais les personnes véritablement gaies ne sont fausses ou vindicatives.

La timidité n'est que la défiance d'un amour-propre qui, en desirant de plaire, craint de ne pas réussir.

Il ne faut pas confondre l'indiscrétion avec la franchise et d'un défaut faire une vertu. Tromper par vanité, par intérêt ou par plaisanterie, voilà ce qui s'appelle mentir.

Les hommes croient que tromper fait plus d'honneur à leur esprit qu'être vrais, parce que le mensonge est de leur invention : c'est un amour-propre d'auteur très-mal placé.

Il ne faut pas toujours dire ce que l'on pense, il faut toujours penser ce que l'on dit.

Le ton du roman est à la passion ce que le cuivre est à l'or.

Les hommes défians apprennent à juger les hommes d'après ce qu'ils sont eux-mêmes; ils se craignent dans les autres.

De tous les maux nécessaires à la société, la défiance est le plus insupportable.

Prenons les gens sur les paroles

jusqu'à ce qu'ils aient fait quelque chose de contraire. Rien n'est plus capable d'ôter tous les bons sentimens, que de montrer de la défiance; il suffit souvent d'être soupçonné comme ennemi pour le devenir; la dépense est toute faite, on n'a plus rien à ménager. Au contraire, la confiance engage à bien faire. On est touché de la bonne opinion des autres, et on ne se resout pas facilement à la perdre.

L'on jouit mieux de la considération que de la réputation : l'une est plus près de nous, et l'autre s'en éloigne.

S'il y a de la vertu à ne pas mentir, il y en a aussi à ne pas tout dire.

Quand les gens médiocres tiennent une pauvre vérité, il la retournent de cent façons, ils en sont insupportables.

Il y a deux sortes de beaux-esprits : ceux qui le sont effectivement et ceux qui croient l'être et qui ne le sont pas.

L'esprit ne domine que dans l'entière liberté du cœur, et jamais amant n'est plus aimable que lorsqu'il s'inquiète le moins d'être aimé !

La finesse est presque toujours une preuve de disette d'esprit.

La politesse consiste à savoir s'oublier soi-même, à s'occuper des autres, à saisir les occasions de les faire valoir, à leur témoigner le desir de les obliger, de leur plaire; à leur montrer de la douceur, de la complaisance, des égards; à persuader surtout qu'on se compte pour rien, puisqu'il faut paraître surpris et reconnaissant des attentions les plus simples et des complimens les plus communs.

Écouter avec un air d'intérêt, ce n'est pas se taire, c'est répondre à ce qu'on exige de nous; un mot, un rien suffit pour satisfaire une personne qui nous parle de ses affaires, de ses succès, de ses malheurs.

La conversation de la femme qui sait le plus doit toujours laisser croire qu'elle cherche à s'instruire. L'air du doute console l'ignorant et flatte celui qui croit pouvoir éclairer.

Ne paraissez jamais ni plus sage, ni plus savant que ceux avec qui vous êtes. Portez votre savoir comme votre montre, dans une poche particulière : vous ne la tirez point et vous ne la faites pas sonner uniquement pour nous faire voir que vous en avez une.

Il y a un phénomène bien rare :

c'est un demi-savant qui convienne de bonne foi qu'il s'est trompé, et qu'il y a dans le monde des choses qu'il ne sait point et qu'il ne comprend point.

Parlez souvent, mais ne parlez pas long-temps : alors, si vous ne plaisez pas, du moins serez-vous sûr de ne pas ennuyer. Payez, comme l'on dit, votre écot, mais ne payez jamais pour toute la compagnie; car, sur cet article, il y a bien peu de gens qui ne soient très-convaincus qu'ils sont en état de payer eux-mêmes.

Les gens qui savent peu parlent

beaucoup, et les gens qui savent beaucoup parlent peu. Il est naturel de croire qu'un ignorant trouve important tout ce qu'il sait, et le dise à tout le monde ; mais un homme instruit n'ouvre pas aisément son répertoire ; il aurait trop à dire ; et comme il voit encore plus à dire après lui, il se tait.

Les questions annoncent le plus souvent la supériorité ou l'indiscrétion ; aussi sont-elles presque toujours odieuses. Les questionneurs les plus impitoyables sont les gens vains et désœuvrés.

Un questionneur est quelquefois un homme qui cherche à s'instruire; mais plus souvent c'est un sot ou un fat qui veut interroger.

On trouve beaucoup de gens qui préparent une question comme d'autres préparent un bon mot ou un discours : ils se font ignorans pour montrer leur savoir.

Quelques personnes se font une réputation d'esprit par une gaîté étourdie qui ne mérite pas plus le nom d'esprit que l'ivresse.

Un bon plaisant est une pièce rare; à un homme qui est né tel, il est encore fort délicat d'en soutenir le personnage : il n'est pas ordinaire que celui qui fait rire se fasse estimer.

Il est une chose que les sots et les méchans ne soupçonnent point, le sentiment des convenances; la rectitude des idées morales leur manque presque au même degré. Les uns et les autres n'ont pas la mesure de ce qui est bon, de ce qui est beau. Il est une foule de circonstances où le sot et le méchant se rapprochent, se touchent, agissent ensemble et peuvent être pris l'un pour l'autre.

Le naturel est dans la conversation comme dans les livres; c'est le plus sûr moyen de plaire : on est ébloui par les qualités de l'esprit; on s'attache par celles du caractère.

Au lieu de sortir de notre naturel pour en choisir un étranger, il vaudrait mille fois mieux nous exercer à polir le nôtre et à devenir plutôt un bon original qu'une méchante copie.

L'homme qui plaira toujours le plus dans la conversation, est celui qui sera doué d'un heureux caractère, et qui aura le caractère de son esprit.

⁂

L'agrement est devenu si nécessaire, que la médisance même cesserait de plaire, si elle en était dépourvue. Aussi une femme doit-elle bien moins se garder d'une chose répréhensible que d'une aventure piquante à raconter. Si elle se conduit mal et qu'il n'y ait rien de plaisant à dire sur sa conduite, on n'en parlera pas; mais pour peu que sa conduite prête au ridicule, alors elle devient la proie de tous les conteurs, de tous les beaux diseurs, qui n'ont pas, il est vrai, un grand intérêt à venger la morale, mais qui ne veulent pas perdre une occasion de montrer leur esprit et de divertir la société.

Il est une monnaie qui circule chez tous les peuples, en tout temps, en tout lieu; quoiqu'elle soit reconnue fausse, tout le monde la prend; quoiqu'elle soit commune, elle ne perd jamais de sa valeur, et l'on obtient souvent en échange les choses les plus précieuses ; cette monnaie est la louange.

Si nous ne nous flattions pas nous mêmes, la flatterie des autres ne nous pourrait nuire.

Lorsque la vanité d'un homme n'est pas assez vive pour le perdre, le flatteur ne manque pas de la réveiller, et de lui fournir assez de mérite pour le rendre un sot.

L'amour-propre est le plus grand de tous les flatteurs.

On croit quelquefois haïr la flatterie, mais on ne hait que la manière de flatter.

Il n'est point de métier si facile que celui de flatteur ; si vous donnez un conseil, si vous hasardez une censure, il faut prouver ce que vous dites. Si vous louez, vous êtes dispensé de fournir des preuves.

Ordinairement il n'y a rien à répondre à la flatterie. Rien n'est plus embarrassant pour un homme sensé, que la louange qu'on lui adresse, et l'on n'a jamais vu un homme d'esprit loué en face, qui n'eût l'air d'un sot.

Le moyen le plus sûr de réussir, c'est de louer les gens pour les qualités qu'ils n'ont pas et dont ils ont la prétention.

La plaisanterie est le talent le plus agréable pour la conversation; mais comme il est infiniment rare, on y a substitué les mots piquans et ce qu'on appelle le persiflage; précisément, comme quand un habillement trop cher se met à la mode, ceux à qui leurs facultés ne permettent pas de se le procurer, se contentent de quelque chose d'approchant qui imite la mode tant bien que mal. Bien des gens appellent plaisanterie l'art de dérouter un homme dans son discours, de lui faire perdre contenance, de le rendre ridicule, et de faire ressortir les défauts de sa personne et de son esprit.

Le persiflage est un amas fatigant de paroles sans idées, une volubilité de propos qui font rire les sots, scandalisent la raison, déconcertent les gens honnêtes ou timides, et rendent la société insupportable.

Le mauvais genre de plaisanterie qu'on nomme persiflage, a quelquefois de la mesure dans son expression; mais il n'en est que plus dangereux : c'est lorsqu'on immole quelqu'un, sans qu'il s'en doute, à la malignité d'une assemblée, en le rendant à la fois instrument et victime de la plaisanterie commune, par les choses qu'on lui suggère et les aveux ingénus qu'on en tire.

Les gens qui font trop d'usage de cette gaîté, oublient que, lorsqu'ils donnent un ridicule, ils acquièrent un vice. Ce qui tue la gaîté, c'est l'esprit de dénigrement, la malignité des propos, l'usage cruel et plat des mystifications. Après ces explosions de la haine ou de la méchanceté, tout paraît froid, insipide.

Les personnes modestes sont presque toujours prises au mot dans le monde : voilà pourquoi le ton tranchant est devenu de mode. La réputation de bien des gens n'a commencé que du moment où ils ont dit qu'ils avaient de l'esprit.

L'homme modeste ne plaît guère que parce qu'il n'interrompt personne; s'il garde le silence, ceux qui parlent devant lui ont assez de candeur pour croire qu'il ne se tait que pour avoir le plaisir de les écouter.

Il ne faut pas absolument être modeste, mais l'essentiel est de le paraître. La modestie sera votre seul hameçon, quand vous pêcherez aux louanges, disait à son fils lord Chesterfield.

Le ton positif et tranchant est une

absurdité : si vous avez raison, il diminue votre triomphe ; si vous avez tort, il ajoute à la honte de votre défaite.

Les gens froids ne peuvent jamais attirer la confiance. Il faut, pour bien jouer, que la paume soit renvoyée ; mais quand on la jette contre une botte de foin, elle y reste.

***

Excepté avec vos amis, parlez toujours aux autres de leurs affaires et jamais des vôtres : par-là votre conversation ne pourra manquer de leur plaire, et souvent vous ferez votre profit de la leur.

Quand on a fait quelque grosse sottise, il ne faut pas dire son *mea culpâ* sur la poitrine des autres.

Il y a peu d'endroits où l'on ait autant d'amis qu'à Paris; on leur donne du moins ce titre. On en a dont on ne sait pas le nom; on en a que l'on n'a jamais vus, on les connaît par d'autres. On en a que l'on évite avec soin; on a enfin des amis que l'on n'aime pas.

Combien y a-t-il de gens qui, pour avoir raison dans leurs opinions, sacrifient jusqu'à la raison même!

FIN.

Table.

INTRODUCTION. 3

EXPOSÉ DES MOTIFS.

Utilité et influence de la conversation. 27

TITRE PREMIER.

DISPOSITIONS GÉNÉRALES.

CHAPITRE I. La langue 57
    II. La bouche. 65
    III. Les dents. 68
    IV. Les mains. 71
    V. La grammaire 76
    VI. La politesse. 79
    VII. La mémoire. 83
    VIII. Les anecdotes. 86
    IX. Les proverbes. 89
    X. Etude des physionomies. 92
    XI. Les lectures. 96

TITRE DEUXIÈME.

L'ENTRÉE DANS LE SALON.

Chapitre I. Le salon. 100
    II. Les femmes. 106
    III. Les hommes. 110
    IV. L'état. 113
    V. La modestie. 119
    VI. L'attention. 122
    VII. Les convenances. 124

TITRE TROISIÈME.

LE DÎNER.

Chapitre I. L'invitation. 128
    II. Le dialogue d'essai. 131
    III. Les services. 134
    IV. La poire et le fromage. 138
    V. Le vin de Champagne. 142
    VI. Le jardin. 146
    VII. Le jeu. 150

TITRE QUATRIÈME.

LES VISITES.

Chapitre I. L'audience. 155
     II. Les protecteurs. 159
     III. La visite de digestion. 162
     IV. Le jour de l'an. 165
     V. La fête. 170
     VI. Le rendez-vous d'affaire 173
     VII. Le rendez-vous d'amour. 176

TITRE CINQUIÈME.

LES EXCEPTIONS OU LES HASARDS.

Chapitre I. Les diligences. 181
     II. Les omnibus et les dames-blanches. 187
     III. Les rencontres. 190
     IV. Les créanciers. 194
     V. Le théâtre. 196

APPLICATIONS.

Le répertoire.	203
Les avant-propos ou préfaces.	211
Les paradoxes.	218
Les lieux-communs.	228
Le calembourg.	236
Les journaux.	244
Le silence.	252

Chapitre unique.

Les cuirs.	257

PORTRAITS.

Les phrasiers.	267
Les souffleurs.	275
Les citateurs.	284
Les rieurs.	290
Les originaux.	298
Le distrait.	305
Maximes.	315

FIN DE LA TABLE.

www.ingramcontent.com/pod-product-compliance
Lightning Source LLC
Chambersburg PA
CBHW050249170426
43202CB00011B/1611